_____ 님의 소중한 미래를 위해

이 책을 드립니다.

끊임없는
강박사고와 행동
치유하기

Overcoming Obsessive Thoughts

끊임없는
강박사고와 행동
치유하기

크리스틴 퍼든 · 데이비드 A.클라크 지음 | 최가영 옮김

소울메이트

소울메이트 우리는 책이 독자를 위한 것임을 잊지 않는다.
우리는 독자의 꿈을 사랑하고,
그 꿈이 실현될 수 있는 도구를 세상에 내놓는다.

끊임없는 강박사고와 행동 치유하기

초판 1쇄 발행 2015년 12월 10일 | **지은이** 크리스틴 퍼든 · 데이비드 A. 클라크 | **옮긴이** 최가영
펴낸곳 (주)원앤원콘텐츠그룹 | **펴낸이** 강현규 · 박종명 · 정영훈
책임편집 이은솔 | **편집** 최윤정 · 김효주 · 채지혜 · 길혜진 · 주효경 · 민가진
디자인 최정아 · 김혜림 · 홍경숙 | **마케팅** 송만석 · 서은지 · 김서영
등록번호 제301-2006-001호 | **등록일자** 2013년 5월 24일
주소 100-826 서울시 중구 다산로16길 25, 3층(신당동, 한흥빌딩) | **전화** (02)2234-7117
팩스 (02)2234-1086 | **홈페이지** www.1n1books.com | **이메일** khg0109@1n1books.com
값 15,000원 | **ISBN** 978-89-6060-589-3 03180

이 도서의 국립중앙도서관 출판시도서목록(CIP)은 e-CIP홈페이지(http://www.nl.go.kr/ecip)에서
이용하실 수 있습니다.(CIP제어번호 : CIP2015031002)

인간을 불행하게 하는 것은 사물 자체가 아니라
그것을 바라보는 방식이다.

― 철학자 에픽테토스 ―

강박장애란 무엇인가

통계에 따르면 전체 인구의 1~2%가량이 강박장애를 앓고 있다. 하지만 강박장애 증상이 자주 나타나지 않아서 정식으로 진단을 받지 않은 사람들까지 포함하면 훨씬 더 많을 것이다.[1] 불안장애의 일종인 강박장애가 있는 사람들의 90% 정도가 강박사고와 강박행동을 보이는데, 이 중 약 2/3는 다수의 대상에게 집착한다고 한다.[2]

　강박사고 없이 바로 강박행동을 하는 경우는 매우 드물지만, 강박장애 환자의 20~25% 정도는 '강박 되새김'에 시달린다. 강박 되새김이란 강박적 행동을 하지는 않지만 강박적 생각을 반복하는 것을 말한다.

강박장애를 앓을 확률은 남녀가 거의 똑같다. 다만 남성이 강박장애가 어릴 때부터 시작될 비율이 더 높다. 일반적으로 강박장애가 시작되는 연령 범위는 18세에서 24세 사이다.

강박장애에는 특별한 원인이 없다. 증명된 강박장애 유전자도 없고, 뇌 구조 이상과도 무관하며, 어떤 사람이 이 병에 걸릴지 예상할만한 구체적인 소인이나 특정 성격도 없다. 강박장애 환자는 어떤 행동을 억제하거나 멈추게 하는 뇌 영역의 활동이 오히려 보통 사람보다 더 활발하지만, 이것이 강박장애의 원인인지 증상인지는 정확하게 밝혀지지 않았다. 그럼에도 이런 뇌의 활동 차이는 이 책에서 권하는 치료법만으로도 약물치료만큼 효과적으로 조절할 수 있다.[3]

현재까지 알려진 바로는 강박장애 환자의 약 80%는 치료를 받지 않으면 상태가 나아지지 않는다고 한다. 즉 강박장애 증상은 저절로 사라지지 않는다는 말이다.

이 책을 쓴 사람들

이 책의 필자들은 강박사고와 강박행동을 십여 년째 연구하고 치료하고 있는 임상 심리학자다. 강박장애 연구가 진일보를 거듭하고 그 치료법이 발전함에 힘입어 이 책을 쓰게 되었다. 강박증을 극복할 수 있는 여러 가지 치료전략이 새로 개발되었는데, 이 치료법들을 책으로 정리하면 사람들이 강박장애를 잘 이해하고 관리할 수 있겠다는 생각이 들었기 때문이다. 강박장애 환자들이 이 치료법들을 통해 도움을 받고, 강박장애의 그늘에서 벗어나 활력을 되찾고 새 삶을 살아가는 모습을 볼 때마다 매우 뿌듯다.

어떤 사람이 이 책을 읽어야 할까?

있는 힘껏 애써서 물리치려고 하는데도 폭력적이거나 혐오스럽거나 불경한 생각이 머릿속에서 사라지지 않아서 괴롭다면, 이 책을 읽어야 한다. 강박장애 확진을 받은 환자는 물론이고, 진단을 받지는 않았지만 강박증에 시달리는 사람도 이 책으로 효과를 볼 수 있다.

이 책에서 설명하는 종류의 생각이 떠오르지만 그 생각 때문에 어느 정도 즐겁다면, 그런 사람에게는 이 책이 필요하지 않다. 가령 도덕관념에 어긋나는 야한 생각이 본인의 의지와 상관없이 머릿속을 맴돌지만 성적 흥분을 일으키는 등 쾌락적인 측면도 있다면, 이 책은 별로 도움이 되지 못할 것이다. 이런 사람은 이 분야의 전문가인 정신과의사와 상담해서 도움을 받는 것이 좋겠다.

이 책이 나에게 도움이 될까요?

이 책에서 필자들이 추천하는 치료법은 연구를 통해 강박장애 치료에 효과가 증명된 것들이다. 이 치료법의 성패는 여러 가지 요소에 달려 있다. 언젠가는 강박행동을 저지르거나 상쇄행동을 하거나 강박사고를 의식적으로 회피하거나 억제하지 않고, 강박사고가 지나가도록 놔두는 훈련을 거쳐야 할 것이다. 그러자면 어느 정도 위험을 감수해야 한다.

예를 들어보자. 운전중에 당신이 인명사고를 내는 모습이 떠오른다면, 깊이 고민하지 말고 하던 운전을 계속하라고 조언하고 싶다. 당신이 범죄일지도 모른다고 여기는 어떤 일을 떠올렸거나 실제로 했다면, 그것 때문에 너무 자책하거나 굳이 범죄인지 아닌지 따지지 말라고 조언하고 싶다. 당신이 어떤 사람을 두고 음탕한 생각을 품었다면, 계속 그 사람 가까이에서 생활하라고 조언하고 싶다. 나아지려면 이런 위험을 떠안는 것을 자신에게 용인할 줄 알아야 하기 때문이다.

이렇게 감수해야 할 위험을 미리 배워두고 인정하면 된다. 이것이 불가능하다면 누구든지 강박적 의식행위나 회피행동에 전적으로 의존할 수밖에 없을 것이다. 필자들은 뛰어난 강박장애 연구자이자 의사인 폴 살콥스키스(Paul Salkovskis) 박사의 1999년 이론을 토대로 사람들에게 이렇게 조언한다. 강박장애를 그냥 방치하면 십중팔구 6개월 후에도 여전히 지금과 같은 강박사고와 강박행동에 얽매여 있을 것이다. 하지만 제대로 치료를 받고 최선을 다해 행동지침을 따르면, 강박장애 증상이 지금보다는 훨씬 나아질 수 있다.

물론 겁이 나겠지만 당신이 자신의 상태를 이해하기 위해 부단히 노력해서 위험을 진심으로 포용할 수 있게 될 때까지는 이런 위험을 인정하도록 강요하지 않을 것이다. 마찬가지로 이 책의 취지도 이런 위험을 어디까지 받아들일 수 있는지 환자 본인이 결정할 수 있도록 도와주기 위해서다.

그러니까, "이 책이 나에게 도움이 될까요?"라고 물으신다면, 대답은 "그렇습니다."이다. 이 책은 당신에게 분명히 도움이 될 것이다.

이 책의 내용 맛보기

1장에서는 강박장애의 주류 치료법을 살펴본다. 2장에서는 강박
사고와 강박행동을 자세히 알아본다. 그리고 3장에서는 강박사
고를 떠올리지 않으려고 열심히 노력하고 강박행동을 하고 싶지
않은데도, 강박사고와 강박행동이 사라지지 않는 이유를 설명한
다. 그다음 이 책에서 소개하고자 하는 치료법과 그 근거를 간략
하게 제시한다. 강박사고와 강박행동이 지속되는 이유와 이 치
료법의 원리를 이해하고 나면 강박장애 증상을 어떻게 관리할지
현명하게 결정할 수 있을 것이다.

4장과 5장에서는 강박장애 때문에 겪는 개인적인 문제들을 환
자 본인이 이해할 수 있도록 도와준다. 환자마다 강박장애 양상
이 다르기 때문에, 환자가 자기 자신의 증상 특성을 파악하는 것
이 중요하다.

6장에서는 치료를 방해할 수 있는 장애물을 환자 스스로 찾아
내도록 도와주고 변화에 대비하는 훈련을 소개한다. 강박사고에
대해 걱정을 하면 할수록 강박장애가 악화되는데, 7장에서는 마
음이 작동하는 방식을 이해함으로써 이런 걱정을 줄일 수 있도
록 정보를 제공한다.

8장에서는 폭력과 성(性)에 관한 강박사고를 경험한 실제 환자

들의 이야기를 들어보고 이런 특정 유형의 강박사고에 대처하는 훈련을 소개한다. 9장에서는 종교적 집착과 불경한 강박사고를 구체적으로 다룬다. 8장과 9장은 각각 해당하는 강박사고에 시달리는 환자들에게 특히 더 유용할 것이다. 자신이 겪고 있는 강박사고의 종류에 따라 하나의 장을 선택하거나 두 장 모두를 참고하면 된다.

한편 10장에서는 강박적 의식행위나 회피행동, 상쇄행동, 사고통제를 억지로 하지 않고 강박사고가 떠올랐다가 사라지도록 내버려두는 치료법의 핵심요소를 이론적으로 설명한다. 이런 노출훈련을 실천할 자세한 지침도 제공해 환자들이 스스로 실행할 수 있도록 도울 것이다. 마지막 11장은 성과를 유지하는 비결을 제시한다.

이 책을 활용하는 법

이 책에서는 인지행동치료(CBT ; Cognitive Behavioral Therapy)라는 치료법을 소개한다. 인지행동치료는 일련의 기술을 가르치는 치료법인데, 한 번에 하나씩 마지막 단계까지 완성해가야 한다. 사람들은 문제를 해결하려는 의욕이 넘칠 때 곧바로 시작해서 최대한 빨리 변화를 이루어내고 싶어한다. 전문가의 경험상 이런 태도는 장기적으로 효과가 없다. 인지행동치료는 기술을 익혀가는 전체 과정이다.

제일 먼저 할 일은 자신의 문제점을 이해하고 분석한 후 대응 전략을 짜는 것이다. 그런 다음에야 비로소 변화를 도모할 수 있다. 이 책의 앞부분을 건너뛰어버리면 뒷부분이 모두 무용지물이 되어버린다. 1장부터 7장까지, 증상에 따라 8장 혹은 9장, 그리고 10장에 제시된 모든 훈련을 완수해야 한다. 연습장이나 일기장을 사서 실행한 훈련을 적고 이 책과 함께 보관하기를 권한다.

앞 장들을 그냥 넘어가고 싶은 유혹을 이겨내야 한다. 유혹에 굴복한다면 돈만 낭비하는 셈이다. 이 책의 치료법에서 아무것도 얻지 못할 수도 있다는 위험을 무릅쓰는 것이기도 하다. 이는 이 치료법이 효과가 없기 때문이 아니다. 이 치료법이 효험을 발휘하기 위해 필요한 지식과 기술이 아직 당신에게 없기 때문이다.

강박장애 때문에 생기는 문제는 하루아침에 시작된 것이 아니므로 한순간에 고칠 수도 없다. 이 점을 기억해라. 강박장애를 치료하는 것이 그렇게 쉬운 일이라면, 애초에 그런 문제가 생기지도 않았을 것이다.

진도 나가기와 타이밍 정하기

1장부터 3장과 5장부터 7장은 한 주에 한 장씩 순서대로 진행하기를 추천한다. 4장은 본인 증상의 특성을 정리하는 내용인데 2주 정도 걸릴 것이다. 8장과 9장은 특정 종류의 강박적 사고를 중점적으로 다루기 때문에, 자신의 증상에 따라 어느 단원에 집중할지 선택하면 된다. 이 두 장은 각각 2주 이상 소요된다.

한편 10장에서는 각자의 강박사고와 대면하는 훈련법을 소개한다. 여기서는 일주일 동안 실제로 자신을 강박사고에 노출시키는 훈련법을 목록으로 작성해야 한다. 가장 쉬운 것부터 시작해서 난이도가 점점 높아지도록 훈련법 목록을 짠다. 일주일에 한두 가지 훈련을 할 수 있고 훈련 종류는 보통 열 가지 정도이기 때문에, 목록을 다 실천하려면 8주가량 걸릴 것이다. 대부분 8주 정도면 이 노출훈련들을 완수한다.

한 장을 읽어보는 것으로 한 주를 시작해서 주중에는 훈련법을 공부하고 실천하는 일정이 제일 바람직하다. 훈련을 열심히 하지 않더라도 자신의 강박장애에 대해 많이 배울 수 있다. 하지만 이럴 경우 강박장애는 그다지 호전되지 않을 것이다. 책만 읽고 훈련을 하지 않는다면, 전문 헬스 트레이너를 고용해서 일주일에 한 번씩 상담을 하지만 정작 트레이너가 추천한 무산소운동과 심폐운동은 전혀 하지 않는 것과 같다. 그러면 체력을 관리하는 이론에는 강해지겠지만 체력이 좋아질 리는 만무하다.

중간에 쉬지 말고 이 책이 이끄는 대로 매주 강박장애 치료를 진행하는 것 역시 중요하다. 잠시 멈춰야 한다면, 다시 시작하기 전에 이 책 앞부분에 있는 내용과 훈련법들을 복습하길 바란다.

CONTENTS

Chapter 1

강박장애에 효과적인 인지행동치료

강박장애 첫 번째 치료법, 약물치료 • 강박장애 두 번째 치료법, 인지행동치료 • 같은 생각, 다른 반응 • 같은 생각, 다른 해석 • 인지행동치료란 무엇인가? • 강박 사고는 떠오르는 대로 그냥 둬라

강박장애 첫 번째 치료법, 약물치료

이 책을 읽는 독자 중에 강박사고와 강박행동이 심해서 약을 먹어볼까 고민하는 사람이 있다면, 당장 의사를 찾아가길 권한다. 이 책에서 소개하는 치료방식은 약물치료와 병행할 수 있으며, 실제로 대다수의 환자가 이 방식으로 치료를 받으면서 약물도 함께 복용한다.

약물치료는 강박장애를 완전히 뿌리 뽑지는 못하지만 증세를 완화시킬 수 있다. 이는 어떤 행동을 시작하지 못하도록 막거나 특정 행동을 멈추게 하는 뇌 영역이 비정상적으로 기능할 때, 약물로 정상적으로 작동하도록 조절할 수 있기 때문인 것으로 파악한다.

하지만 약물치료가 모든 사람에게 효과적이진 않으며, 중단하면 약효도 사라진다. 반면에 인지행동치료는 일생 동안 실천할 기술을 가르치기 때문에 보통은 치료를 중단하더라도 효과가 오래 지속된다.

강박장애 두 번째 치료법, 인지행동치료

이 책에서 다루는 치료법의 정식 명칭은 인지행동치료다. 인지행동치료는 현존하는 강박장애 심리치료법 중에서 가장 효과적인 방법으로 손꼽힌다. 이 치료법은 생각과 감정이 서로 얽혀 있다는 가정에서 출발한다. 감정은 변화시키기 어려운 반면에 생각은 심사숙고해서 공정한 판단을 내릴 수 있다. 만약 현재에 처한 상황을 공정하게 판단하지 못한다면, 과장되거나 비뚤어진 감정반응이 나올 것이다.

사실 많은 사람들이 강박적 생각을 떠올리지만 대개는 그 생각에 얽매이지 않는다. 왜냐하면 이런 생각이 특별하다거나 사건, 사고가 발생할 신호라거나 어떤 조치를 취해서 막아야 한다고 해석하지 않기 때문이다. 그래서 이내 쉽게 떨쳐버릴 수 있는 것이다.

같은 생각, 다른 반응

니마는 운전하는 중에 '지금 중앙선을 넘으면 어떻게 될까?'라는 생각을 떠올려본다. 그러고는 '내가 지금 무슨 쓸데없는 생각을! 난 누구를 해칠 사람이 아니야.'라고 생각한다.

반면에 라비는 같은 생각을 떠올렸어도 전혀 다르게 반응한다. '맙소사, 내가 왜 이런 생각을 했지? 사실 내 숨겨진 본성은 살인자인지도 몰라. 이러다 진짜 중앙선을 넘어버리면 어떻게 하지? 이런 생각을 다시는 해서는 안 돼. 그런데 진짜로 행동으로 옮기면 어떻게 해? 이런 생각을 하다니 난 정말 나쁜 놈이야. 언제 사람을 해칠지 모르는데 차라리 다시는 운전을 하지 않는 것이 낫지 않을까?'

똑같은 생각이 떠오른 상황에서 니마는 침착하게 처신했지만, 라비는 불안과 공포에 사로잡혔다. 앞으로도 니마는 별로 신경 쓰지 않고 계속 평소처럼 생활하겠지만, 라비는 점점 더 이 생각에 집착할 것이다. 자신이 지금까지 어떤 사람이었는지는 까맣게 잊고, 타고난 살인마라는 증거만 찾아다닐지도 모른다. 그런 행동이 심해질수록 라비는 자신의 본성이 악하다고 확신하게 될 것이다.

이렇게 집착하는 단계에 이르면 운전할 때마다 그 생각을 떠올리다가, 마침내 우려했던 대로 최악의 상상을 사실로 단정짓게 된다. 결국 라비는 운전 자체를 기피하거나 애써 그동안의 선행을 떠올리는 등의 방법으로 그 생각을 머릿속에서 어떻게든 밀어내려 노력할 것이다.

실제로 생각하는 것 자체를 회피하면 강박관념에서 벗어날 수 있어 그 생각을 행동으로 옮길 위험이 없어진다. 또 선한 것을 생각하면 마음속 번뇌가 사그라지는 효과가 있다. 그러므로 라비는 이 전략을 점점 더 자주 사용하게 될 것이다.

같은 생각, 다른 해석

독자들도 알아챘겠지만 니마와 라비의 차이점은 같은 생각을 서로 다르게 받아들였다는 것이다. 연구 결과에 비춰볼 때, 니마의 해석은 정확한 반면에 라비의 해석은 왜곡되었다. 생각과 사고 과정에 대한 그릇된 정보를 토대로 상황을 해석했으니 당연한 결과라 할 수 있다.

사실 아무리 양심적이고 신실하며 자애로운 사람이라도 100% 실천할 수 없는 생각을 하기 마련이다. 역사적으로도 불경한 마음을 먹거나 자신의 종교를 의심했던 독실한 종교인이 얼마나 많은가. 게다가 생각의 편린만으로는 한 사람의 인간성을 전부 알 수 없다. 그러므로 그런 생각이 든다고 해서 라비가 타고난 살인마라고 할 수 없다.

라비는 어떤 일을 할 때 아주 사소한 위험이라도 생길 가능성이 있으면 아예 실행해서는 안 된다고 믿는 성격이다. 이것은 바로 강박사고와 강박행동을 하는 사람의 전형적인 모습이다. 강박장애 환자는 잠재적인 모든 위험이 일어나지 않도록 예방하는 데 일생을 바친다. 그 위험이 실제로 발생할 확률이 0에 가깝더라도 말이다.

반면에 강박사고나 강박행동을 하지 않는 사람은 위험성을 있는 그대로 인정한다. 가령 니마라면 순간 머릿속에 떠오른 생각을 행동으로 옮기지 않을 가능성이 100%인지 아닌지 집착하는 대신 그냥 가능성이 0에 가깝다고 생각하고 말 것이다. 즉 니마는 앞으로도 운전을 겁내지 않을 것이다.

인지행동치료란 무엇인가?

인지행동치료는 환자 본인이 강박적 생각을 어떻게 해석하는지, 즉 이 생각을 의식적으로 어떻게 받아들이는지에 주목한다. 또 그 생각에 어떤 행동반응을 나타내는지, 다시 말해 피해버리는 지, 행동으로 옮기는지, 상쇄하는 행동을 하는지, 생각을 통제하 는지도 고려한다.

일단 머릿속에 떠오른 생각의 진짜 의미가 자신이 알고 있는 것과 다르다는 사실을 이해하기 시작하면, 강박사고에 대한 감 정반응이 약해진다. 동시에 강박행동이나 상쇄행동, 회피행동, 사고통제를 억지로 할 필요도 없어진다.

가령 예를 들어 폭력행위를 상상한다고 해서 자신의 성격에 잔인한 면이 있다는 뜻은 아니라는 것을 깨닫고 나면 이 생각을 덜 두려워하게 될 것이다. 이렇게 해서 강박행동으로 표출하지 않고도 압박감이 줄어드는 경험을 하고 나면 굳이 강박행동을 할 필요가 없어진다.

강박사고는 떠오르는 대로 그냥 둬라

강박장애 인지행동치료의 핵심은 생각을 노출시키되 반응으로 이어지지 않게 하는 것이다. 즉 강박행동, 상쇄행동, 회피행동, 사고통제를 하지 않으면서 강박사고가 떠오르는 대로 둔다. 이 치료법은 상당히 효과적이다.

강박사고가 떠오르면 기분이 조금이라도 언짢아지기 마련인데, 이때 강박행동 또는 상쇄행동을 하거나 불편한 측면을 외면해버리면 기분이 나아진다. 따라서 이런 행동은 충분히 이해할 수 있는 반응이다.

하지만 강박사고를 단박에 끊어버리면 여러 가지 부작용이 뒤따른다.

첫째, 연구 결과에 따르면 생각을 지우려고 애쓸수록 그 생각을 연상시키는 실마리가 훨씬 더 예민하게 감지된다고 한다. 그러면 당연히 사고를 통제하는 데 실패할 수밖에 없고 짜증만 더욱 늘어간다.

둘째, 굳이 강박행동이나 상쇄행동을 하지 않아도 나쁜 기분이 사라진다는 사실을 영영 깨닫지 못하게 된다. 실제로 강박사고로 인한 불쾌감은 저절로 사라지기 때문에 강박행동이나 상쇄행동이 필요 없다는 사실이 지난 40여 년간 많은 연구를 통해 밝혀졌다.

굳이 나쁜 감정이 아니더라도 어떤 감정이든 시간이 지나면 저절로 없어지기 마련이다. 진심으로 행복했던 과거의 한때를 떠올려보자. 이를테면 애인이 프러포즈를 승낙했을 때나 큰 시험에 합격했을 때처럼 말이다. 한 시간 후에도 그 소식을 바로 들었을 때만큼이나 기쁘던가?

셋째, 강박사고가 당신을 괴롭힐 때 강박행동, 상쇄행동, 회피행동, 사고통제로 대처한다면, 강박사고가 생각만큼 위험하지 않다는 사실을 알 기회가 없어진다. 강박사고의 실체가 당신이 추측하는 대로 끔찍한지 아닌지를 영원히 검증할 수 없게 되는 것이다.

스테펀의 사례를 보자. 스테펀은 거미를 강박증 수준으로 무서워한다. 만약 스테펀이 거미가 득실대는 방 안에 갇힌다면 어떤 반응을 보일까? 스테펀은 틀림없이 극도로 긴장할 것이다. 하지만 계속 그럴까? 한 시간 후에도 그 방에 내버려진 직후만큼 불안해할까? 두 시간 뒤는 어떨까?

지금까지는 거미가 눈에 띄기만 하면 바로 도망갔기 때문에 거미에 대해 알 기회가 없었지만, 방에 갇혀 있는 시간이 길어질수록 예전에는 몰랐던 거미의 특성을 새로 알게 될 것이다. 즉 스테펀의 생각과는 달리 거미는 다리를 타고 올라오는 대신 움직이는 물체, 즉 자신을 피해 이동한다는 사실을 확인할 것이다. 결국 스테펀은 거미 근처에 있는 것이 유쾌하지는 않아도 객관적으로 판단했을 때 위험하지도 않다는 사실을 깨닫게 될 것이다.

끔찍한 독거미조차도 제자리에서 꿈쩍하지 않다가 누군가가 건드렸을 때만 위협을 한다. 만약 스테펀이 계속 거미를 피하기만

한다면 거미에 대한 새로운 사실을 배울 기회를 결코 얻지 못할 것이다. 강박사고도 마찬가지다. 피하면 피할수록 점점 더 모르게 된다.

"용기란 두려워도
　　맞서서 나아가는 것이다."

- 약물치료가 모든 사람에게 효과적이진 않다. 또한 중단하면 약효
  도 사라진다. 반면에 인지행동치료는 일생 동안 실천할 기술을
  가르치기 때문에 보통은 치료를 중단하더라도 효과가 오래 지속
  된다.

- 일단 머릿속에 떠오른 생각의 진짜 의미가 자신이 알고 있는 것
  과 다르다는 사실을 이해하기 시작하면, 강박사고에 대한 감정반
  응이 약해진다.

- 강박장애 인지행동치료의 핵심은 생각에 노출시키되 반응으로
  이어지지 않게 하는 것이다.

- 강박행동으로 표출하지 않고도 압박감이 줄어드는 경험을 하고
  나면 굳이 강박행동을 할 필요가 없어진다.

- 강박사고나 강박행동을 하지 않는 사람은 위험성을 있는 그대로
  인정한다.

Chapter 2

강박장애가 있으십니까?

강박장애의 여러 가지 얼굴들

마리오는 근면하고 성실한 마흔세 살의 재무설계사다. 십 대 딸 둘을 슬하에 두고 21년째 단란한 가정을 꾸리고 있다. 그리고 여러 가지 지역 활동에도 적극적으로 참여하며 봉사하고 있다. 그래서 이웃과 친구들에게 인기가 많고, 일과 가정, 지역사회까지 골고루 돌보는 성실한 모습에 주변에서 칭찬이 자자하다.

하지만 정작 본인은 사람들을 폭행하고 공격하는 원치 않는 상상에 시달린다. 가령 길에서 마주친 임산부를 발로 차거나, 아무 이유 없이 동료의 얼굴에 주먹을 날리거나, 채소를 다듬던 칼로 아내를 찌르는 상상이 머릿속에서 떠나지 않는 것이다. 불쑥 불쑥 떠오르는 이런 불편한 상상은 자신의 성격과 정반대되는 모습이기 때문에 마리오를 몹시 심란하게 만들었다. 어쨌든 마리오는 누구에게나 예의 바르고 정중하며 확고한 도덕기준을 지키는 모범적인 가장이다. 다만 지금 폭력적이고 혐오스러운 상상과 이미지에 사로잡혀 있을 뿐이다.

카라는 네 살 된 아들을 둔 스물네 살의 여성이다. 카라는 아들을 무척 사랑하고 자랑스러워하며 무엇이든지 다 해주고 싶다. 하지만 젖먹이 아기를 집에 데려온 순간부터 아기를 성적으로 학대할지도 모른다는 생각이 들기 시작했다. 기저귀를 갈거나 목욕을 시킬 때조차 자신이 성적으로 흥분한 게 아닌가 하는 의심이 들었다.

이런 생각이 떠오르는 횟수가 점점 잦아지면서 결국은 아들을 목욕시키거나 옷을 갈아입히는 일을 남편과 친구에게 떠넘길 수밖에 없는 지경에 이르렀다. 증상이 심해질수록 카라는 걱정과 두려움으로 가득한 하루하루를 보내게 되었다.

앙케는 쉰두 살의 사무직 근로자다. 앙케는 엄격한 근본주의 기독교 가정에서 자라났고, 성인이 된 지금까지도 신앙 중심으로 생활하고 있다. 독실한 기독교 신자이고 교회 활동에도 열심이다. 앙케에게 단 하나의 소망이 있다면 그것은 바로 주님께 온전히 헌신하는 인생을 사는 것이다.

하지만 20년째 성경을 읽거나 기도하거나 설교를 들을 때마다 불경한 생각과 욕설이 떠올라 괴로워하고 있다. 앙케는 나쁜 생각이 자꾸 떠오른다고 목사님께 여러 번 회개했고, 이 생각이 사라지게 해달라고 간절히 기도도 했다. 사탄의 농간이거나 마귀에 씌었다고 믿고 퇴마의식을 행한 적도 있었다. 하지만 이 모든 노력에도 불구하고 신성 모독적인 생각과 끔찍한 이미지가 나날이 심각해져서, 이제 자신에겐 더이상 희망이 없다고 생각하게 되었다. 이렇게 끔찍한 죄를 저질렀으니 지옥에 떨어질 운명이라고 말이다.

이 세 사람은 저마다 다른 불쾌한 생각이나 이미지, 충동으로 고통받고 있지만 모두 강박장애 환자다. 2장에서는 강박장애의 특성을 자세히 설명하고 자신의 생각이나 행동이 강박사고에 해당하는지 스스로 판단할 수 있도록 도와줄 것이다.

강박사고란 무엇인가?

강박사고는 다음과 같이 크게 세 가지 형태로 나눌 수 있다.

- 머릿속에 "만약에 ○○라면?" "내가 ○○했나?" "그게 ○○였나?"와 같은 의심스러운 생각이 든다.

- 머릿속에 어떤 장면이 사진처럼 불현듯 떠오른다.

- 갑자기 어떤 행동을 해야겠다는 충동이나 욕구를 느낀다.

강박사고란 불쾌하거나 부적절하거나 괴로운 생각이 갑자기 떠오르는 것이다. 이럴 때는 온 신경이 그 생각에 집중되어 다른 것을 생각하기가 어렵다. 주의를 분산시킨다고 하더라도 효과는 그때뿐이고, 못된 생각이 자꾸만 머릿속을 비집고 들어온다. 이러한 강박사고의 내용은 본인의 인격이나 도덕가치, 이상, 목표에 어긋나는 경우가 많다.

사실 '강박'이라는 단어는 취미, 연예인, 연애 대상 등 무언가에 대한 정열, 열광, 집착을 설명할 때도 흔히 사용한다. '그는 기차에 강박적으로 빠졌어.'나 '그녀는 그에게 강박적으로 집착해.'라는 식으로 말이다.

하지만 이 책에서 '강박'이라는 단어는 정열이나 집착, 열광이라는 뜻이 아니다. 그보다는 원하지 않고, 싫은데도 자신의 의지를 거슬러 자꾸 떠오르는 불쾌한 주제에 관한 생각을 말한다. 만약 하루에 한 시간 넘게 이런 생각에 빠져 있거나 강박행동 혹은 상쇄행동을 매일 한 시간 이상 한다면 강박장애를 의심해볼 수 있다.

혐오성 강박사고란 무엇인가?

강박사고의 주제는 다양하다. 이 책에서는 혐오성 강박사고를 중점적으로 다룰 것이다. 여기서 '혐오성'이란 구역질이 날 정도로 역겹다는 뜻이다. 이를테면 폭력, 성, 종교를 주제로 하는 것들이 있다.

폭력적 강박사고를 세분하면 다음과 같다.

- **사랑하는 사람에게 끔찍한 행동을 하는 상상**

  예를 들어 아기를 베란다 밖으로 내던지거나 손자를 칼로 찌르는 상상

- **누군가를 실수로 다치게 하지 않았을까 하는 걱정**

  예를 들어 '내가 조금 전에 누군가를 차로 쳤는데 이를 알아채지 못한 채 지나온 게 아닐까?' 혹은 '저녁식사를 준비하면서 사용했던 냄비가 더러운 건 아니었을까?' 하는 의심

성적 강박사고는 다음과 같이 세분할 수 있다.

- 개인적으로 혐오스럽다고 여기는 성적 행위에 관한 생각이나 상상

예를 들어 어린이를 성추행하거나 자신의 성적 기호에 어긋나고 심한 반감이 드는 성적 행동을 하는 상상

- 상대방에게 큰 실례가 되거나 자신도 혐오스럽다고 여기는 성적 행동을 하려는 충동

예를 들어 길거리에서 여성의 신체를 더듬거나 남에게 성적으로 모욕적인 말을 하고 싶은 충동

- 자신이 변태이거나 소아성애자가 아닐까 하는 걱정

예를 들어 '어린아이와 포옹할 때 내가 성적으로 흥분했나?' '아이들이 출연하는 TV 프로그램이어서 그 특정 채널에 목을 맸나?' '탈의실에서 나체 상태인 사람을 보고 성적으로 흥분했나?' 하는 의심

종교적 강박사고는 다음과 같이 세분할 수 있다.

- 신성을 모독하거나 신을 실망시키는 행위에 관한 생각이나 상상

예를 들어 종교적 인물이 불경한 죄악을 짓는 상상이나 '나는 저주받아서 지옥에 갈 거야.' 혹은 '성령이 나를 떠났어.' 라는 생각

• **충동**

예를 들어 종교의식 중이나 기도 중에 불경스러운 말을 하고 싶은 충동

• **막연한 걱정**

예를 들어 '하나님보다 내 욕심을 우선시하지 않았던가?' '내가 죄를 짓고도 잊어버리고 회개하지 않았나?' '신께서 내게 계시를 내리셨던 게 아닐까?' '내 행동이나 결정 때문에 사랑하는 사람들이 신에게 벌을 받으면 어쩌지?' '내가 기도로 주님을 충분히 찬양했나?' 하는 의심

• **과한 양심주의 때문에 종교 원칙을 지나치게 엄격하고 철저하게 따르려는 데서 발생하는 의심**

예를 들어 '친구에게 내 진심을 솔직하게 다 털어놓았나?' '내가 이야기를 제대로 하지 않아서 오해를 샀을까?' '나는 구원을 확신하는 걸까?' 하는 의심

이 중에서 폭력적 강박사고와 종교적 강박사고에 대해서는 각각 8장과 9장에서 더 많은 사례를 들어 상세히 설명하고 있다.

강박사고의 내용은 개인마다 제각각이지만 대부분의 경우에

는 몇 가지 공통 주제별로 묶을 수 있다. 1998년에 라스무센(Rasmussen)과 아이센(Eisen)이 강박장애 환자 1천 명 이상을 대상으로 강박사고의 내용을 조사한 결과, 오염에 대한 우려와 자신의 행동이나 결정에 관한 지나친 의심이 가장 흔한 것으로 밝혀졌다.

이 외에도 조사 참가자의 31%는 누군가에게 나쁜 짓을 하거나 다치게 하는 내용의 강박사고에 시달렸고, 다른 24%는 성적 강박사고를 떠올리는 것으로 보고되었다. 종교적이거나 불경한 강박사고는 10%를 차지했다. 그 밖에 대칭이나 정확도에 대한 강박관념, 건강에 대한 집착, 물품을 비축하고자 하는 욕구도 강박사고의 내용으로 보고되었다.

집중훈련 2-1
강박장애 후보 가려내기

원하지 않는데도 머릿속에 자꾸 떠올라 괴롭고 차단하거나 멈추기도 너무 어려운 생각, 상상, 충동이 있는가? 그렇다면 연습장을 펼쳐서 모두 나열해보자. 지금 당장은 이 생각들이 진짜로 강박사고인지 아니면 다른 종류의 비관적 생각인지 신경 쓰지 않아도 된다. 강박사고인지 아닌지는 나중에 정확히 따져볼 것이다.

내 생각이 강박사고일까?

원치 않는 불쾌한 생각이 떠올라 괴로움을 느낀다고 해서 반드시 강박사고인 것은 아니다. 실제로 많은 사람들이 떠오르는 즉시 기분이 변할 만큼 강한 걱정, 고민, 집착, 공상을 하면서 살아간다.

그렇다면 원치 않는 불쾌한 생각이 반복해서 떠오를 때 강박사고인지 아니면 평범한 비관적 생각인지 어떻게 구별할 수 있을까? 2장에서는 강박사고를 정의하는 핵심적 특징을 설명한다. 이 특징을 참고하면 〈집중훈련 2-1〉에서 목록으로 적어둔 불쾌한 생각과 상상이 강박사고인지 아닌지를 판단할 수 있을 것이다.

클라크(Clark)의 2004년 연구 보고서에는 강박사고의 특징이 상세하게 기술되어 있는데, 그 중에서 다섯 가지 핵심 특징을 추려냈다. 선별 기준은 정신장애의 진단 및 통계분석 매뉴얼4에 수록된 강박장애 진단 기준이다.

- **강박사고는 강제적이다**

  강박적인 생각, 상상, 충동은 본인의 의지와 상관없이 불쑥 떠오른다. 절대 주체적으로 하는 생각이 아니다.

• **강박사고는 불쾌하다**

강박적인 생각은 적지 않은 고통을 주기 때문에 어느 누구에게 나 불쾌함만 일으킨다.

• **강박사고는 저항을 수반한다**

대부분의 강박장애 환자는 강박사고를 억누르고 물리치려고 있는 힘껏 저항하면서 어떻게든 굴복하지 않으려고 애쓴다. 또 강박사고를 유발하는 상황 자체를 피해버리거나 강박적 의식행위 혹은 상쇄행동으로 마음의 짐을 덜기도 한다.

• **강박사고는 통제할 수 없다**

강박장애 환자들은 종종 강박사고를 통제할 수 없으며, 어쩌면 자신이 미쳐가는지도 모른다고 호소한다.

• **강박사고는 주체의 특성과 반대된다**

강박사고는 자신의 핵심가치, 도덕적 기준, 인격과 반대되는 내용을 담고 있는 경우가 많다. 이런 강박사고의 특징을 자아 이질성이라고 한다. 자아란 자기 자신을 지칭하므로 자아 이질적인 강박사고는 그 사람의 자아상이나 성격 혹은 행동과 완전한 대조를 이룬다.

내 생각이 강박사고일까?

〈집중훈련 2-1〉에서 나열한 생각들을 0점부터 4점까지 점수를 매겨서 평가해보자.

강박사고의 특징	전혀 그렇지 않음	약간	중간 정도	심함	극심함
1. 자신의 의지와는 상관없이 강박적 생각이 얼마나 자주 떠오르는가?	0	1	2	3	4
2. 이 생각 때문에 얼마나 괴로운가?	0	1	2	3	4
3. 이 생각을 떨쳐내는 것이 얼마나 힘든가?	0	1	2	3	4
4. 이 생각을 통제하려고 할 때 자주 실패하는가?	0	1	2	3	4
5. 이 생각이 본인의 가치관, 인격, 목표에 얼마나 어긋나는가?	0	1	2	3	4

이 질문 대부분에 3점이나 4점을 주었다면, 당신은 강박적인 사고를 할 가능성이 크다. 이러한 강박사고가 경미한지, 보통인지, 심각한지는 오직 심리검사와 정신건강 전문가와의 임상면담을 통해서만 파악할 수 있다.

'정상적인' 강박사고

강박장애 환자만이 강박적 생각을 하는 것은 아니다. 일반인 중에서도 강박적 생각을 겪는 사례가 상당히 많다. 실제로 미국, 영국, 한국, 캐나다에서 시행한 연구를 통해 이 점이 입증되었다. 이 연구에서는 무려 전체 인구의 80~90%가 강박사고와 똑같은 내용의 불쾌한 생각이 자신의 의지와 상관없이 떠올랐다고 응답했다.

이것은 전혀 놀랄 일이 아니다. 심리학자 에릭 클링거(Eric Klinger)가 1996년에 발표한 연구 결과에 따르면, 보통 사람은 16시간 동안 4천 가지 정도의 생각을 한다고 한다. 이 중에서 약 13%는 의지와 상관없이 저절로 떠오르는 것이다. 사람들은 이런 생각 중 상당수가 자신의 성격과 맞지 않고 어떤 것은 충격적이기까지 하다고 평가했다. 그러므로 정상적인 사람도 강제적인 침투사고를 매일 약 520번씩 경험하는 셈이다.

다음의 표는 대학생을 대상으로 필자들이 실시한 연구의 데이터를 정리한 것이다. 대학생들이 보고한 폭력, 성, 종교에 관한 침투사고를 백분율로 나타냈다.[5]

강박적 생각의 내용	학생 비율(%)	
	남학생	여학생
가족을 해치는 것	50	42
모르는 사람을 해치는 것	48	18
은행을 터는 것	32	8
자신의 은밀한 신체 부위를 노출하는 것	24	14
종교적 가치에 어긋나는 성행위를 하는 것	38	24
난잡한 성관계를 하는 것	31	26
어린이 또는 미성년자와 성관계를 하는 것	19	7
다른 어른에게 자신과 성관계를 맺도록 강요하는 것	38	22

일단은 이 책에서 주로 다룰 강박사고 유형인 폭력, 성, 종교에 관한 침투사고 위주로 살펴봤다. 질문에 대한 응답률을 살펴보면 강박장애가 없더라도 강박장애 환자와 똑같은 유형의 원치 않는 생각을 하는 사람이 아주 많다는 사실을 알 수 있다.

그렇다면 '정상적인' 강박사고와 강박장애의 강박사고는 어떻게 다를까? 가장 큰 차이점은 강박장애 환자들이 강박사고를 더 자주 경험하며, 그 내용이 더욱 심각하고 고통스러워 제어하기 어렵다는 것이다.

3장에서 알게 되겠지만, 정상적인 강박사고가 도를 넘어서 위험한 강박사고로 변하려면 여러 심리적 과정을 거쳐야 한다. 다행인 점은 가끔씩 불쑥불쑥 떠오르던 불쾌한 생각이 몇 단계를 거쳐 머릿속을 계속 맴도는 강박사고가 되었더라도 요령을 배우면 이 과정을 되돌려 강박사고를 다시 가끔씩만 등장하는 침투사고로 순화시킬 수 있다는 것이다.

강박사고가 흉악한 행동으로 이어질 수 있을까?

강박장애 환자들의 가장 큰 걱정거리 중 하나는 자신의 강박사고가 진짜로 실현될지도 모른다는 것이다. 그들은 끝내 이성을 잃었을 때 생각한 것을 실천으로 옮길까 봐 걱정한다. 그러나 실제로 그런 일이 벌어졌다면, 감옥은 이미 강박사고에 굴복한 강박장애 환자들로 만원이 되었을 것이다.

사실 강박장애 환자들 중 위법행위를 저지르거나 강박사고를 실행하는 사람은 극소수에 불과하다. 필자들의 임상적 경험에 비춰보건대, 아마도 강박장애 환자들 중 범죄행위를 저지르는 비율은 전체 범법자 비율보다 낮을 것이다.

강박장애 환자가 강박사고를 행동으로 옮기지 않는 이유는 몇 가지가 있다. 첫째, 강박사고는 상당한 불안과 고통을 일으킬 뿐, 유쾌한 측면이 전혀 없다. 하지만 폭력행위나 착취행위를 준비하거나 실행할 때는 그렇지 않다. 수십 년간 성범죄자들을 치료해온 심리학자 윌리엄 마셜(William Marshall) 박사는 성범죄자들이 성범죄자나 소아성애자가 될 뜻은 없더라도 성적이거나 폭력적인 생각을 조금이라도 즐긴다고 지적했다.[6]

둘째, 폭력 혹은 착취를 행동으로 옮기려면 단순히 마음에 품는 것 이상의 무언가가 더 필요하다. 어린이를 성추행하는 역겨운 상상이 원치 않게 떠오를 때 이성을 잃고 실제로 범죄를 저지르려면, 어린이의 순수함을 지켜주는 것보다 자신의 성적 욕구를 우선시하고 아동 성추행이 아이들에게 그다지 해롭지 않다고 자신을 세뇌시켜야 한다.

하지만 강박장애 환자들이 집착하는 것은 어떻게 하면 타인을 해칠 수 있을지가 아니다. 그보다는 어떻게 해야 사람들의 안전과 건강, 행복을 지켜줄 수 있을지에 몰두한다. 말하자면 확고히 뿌리내린 개인의 성격과 도덕적 가치, 이상적 기준을 깡그리 무시해야만 강박사고를 실행할 수 있는 것이다. 하지만 이런 일은 아무런 계기 없이 저절로 일어나지 않는다. 절대로!

지나친 양심주의_특별한 종류의 종교적 강박사고

지금 들어가는 단락에는 종교와 관련된 못된 생각이 자꾸만 떠올라 고민하는 사람들을 위한 내용이 담겨 있다. 그러므로 종교적 강박사고가 없다면, 강박행동과 상쇄행동에 관한 내용으로 넘어가도 좋다.

종교를 믿는 신자라면 누구나 영성과 종교 계율을 매일 실천하면서 신앙에 따라 살아가기를 염원할 것이다. 그런데 이러한 종교적 사고가 건전한 신앙의 표현을 넘어서 과도하고 문제적인 강박장애의 성격을 띠기 시작하는 시점은 언제일까?

이 질문에 답하기 전에 먼저 '지나친 양심주의'라는 개념을 알아보자. 임상심리학자이자 목회상담학 부교수인 조지프 시아로키(Joseph Ciarrocchi) 박사는 1995년 연구에서 과한 양심주의의 소유자에 대해 '지나치게 세심한 양심을 가지고 있어서 죄라고 할만한 것이 없는데도 스스로 죄를 지었다고 여기는 사람'이라고 설명했다.

이런 사람은 비정상적으로 두려워하고 불안해하기 때문에 자신의 생각이나 행동을 종교의 맥락에서 적당히 해석하지 못한다. 그래서 악마가 없는 곳에서 악마를 보고, 죄가 아닌데도 중죄라고 생각하며, 의무가 아닌데도 의무라고 여긴다는 것이다.[7]

또 와이즈너(Weisner)와 리펠(Riffel)은 지나치게 양심적인 사람은 판단력이 흐려져 실제로는 사소한 일을 아주 중요하게 여긴다고 지적했다. 예를 들어 바닥에 성수를 한 방울 흘렸다고 안절부절못하거나, 기도 전에 온몸 구석구석을 정결하게 씻어야 한다고 믿거나, 특정 단어 혹은 한 구절을 되풀이하면서까지 기도문을 정확하게 외우려 한다는 것이다.

이렇게 양심에 지나치게 집착하는 사람 중에는 자신이 죄와 벌에 과하게 신경을 쓰고 있으며, 어떨 때는 비이성적이기까지 하다는 사실을 잘 알고 있는 경우도 많다. 주변의 다른 신자들은 이런 걱정 때문에 자신만큼 괴로워하지 않는다는 사실도 안다. 그럼에도 불구하고 강박장애의 일종인 과한 양심주의가 의심과 죄책감, 불안감을 샘솟게 해서 무언가 잘못되었다고 느끼는 것이다. 다음과 같은 생각들을 속으로 되뇌면서 말이다.

- 내가 저 아름다운 여자를 보고 음탕한 마음을 품었나?

- 내가 기도문을 암송할 때 조금이라도 산만하지는 않았던가?

- 내가 어떠한 결정을 내릴 때 항상 주님께 가장 먼저 의지하고 있나?

- 신이 나를 진정 용서하셨을까?

- 내가 모든 속된 생각과 욕망을 신부님께 고백했나?

또 엄격하게 양심을 따르는 사람은 종종 무슨 일이 있어도 일정 수준의 도덕적 완성도를 유지하려고 애쓴다. 그렇기 때문에 티끌만큼이라도 종교적 관례에서 벗어나거나 도덕적 실수 혹은 잘못된 판단을 하면 참지 못한다.

이렇게 완벽에 집착하는 사람은 동시에 불확실성을 용인하지 않는다. 모든 죄악을 빠짐없이 고해하고, 주님께 진정한 죄 사함을 받아야 하고, 자신이 지옥에 보내지지 않을 것임을 분명하게 확인해야만 만족한다. 이런 비뚤어진 믿음과 숨 막히는 비관주의가 뒤섞이면, 종교적 강박사고와 강박행동에 사로잡혀 도덕적 · 영적 완전무결함을 향한 끝없는 사투에서 헤어나지 못하게 된다.

당신이 만약 어떤 종교를 믿는다면, 자신이 종교적 강박사고를 하거나 지나친 양심주의자인지 궁금해질 것이다. 그렇다면 강박장애의 일종인 지나친 양심주의와 깊은 신앙심은 어떻게 다를까? 이것은 매우 중요한 질문이다. 신실한 신앙인을 병자로 오진하거나 반대로 종교적 강박장애 환자를 간과해서는 안 되기 때문이다.

지나친 양심주의와 신앙

정신과 의사인 데이비드 그린버그(David Greenberg) 박사는 1984년에 발표한 연구 보고서에서 강박장애의 일종인 감정적(혹은 임상적)으로 지나친 양심주의와 열렬한 종교적 헌신을 구분하는 기준 몇 가지를 제시했다. 다음은 지나치게 엄격한 양심주의, 즉 종교적 강박사고의 특성을 열거한 것이다. 각 문항을 읽고 자신과 얼마나 일치하는지 판단해서 해당하는 정도를 각 직선에 × 표시해보자.

1. 신앙 또는 도덕 문제 한두 가지가 나의 가장 큰 근심거리다.
   전혀 그렇지 않다 ——————— 정확하게 그렇다

2. 내가 믿는 종교의 신앙 지침에 따르면 지금 걱정하는 도덕적 문제는 그저 하찮은 일에 불과하다. 그럼에도 걱정을 멈출 수가 없다.
   전혀 그렇지 않다 ——————— 정확하게 그렇다

3. 신앙 또는 도덕에 대한 근심 때문에 내가 속한 종교 집단에서 중요시하는 종교적 관례를 따르지 못하겠다.
   전혀 그렇지 않다 ——————— 정확하게 그렇다

4. 나는 지나치게 양심을 따지는 나의 행동에 저항하려고 노력하지만 소용이 없다.
   전혀 그렇지 않다 ——————— 정확하게 그렇다

5. 나는 다른 강박장애 증상도 있다.
   전혀 그렇지 않다 ——————— 정확하게 그렇다

6. 나는 하루 중 대부분의 시간을 나의 도덕성에 대해 고민하고 두려워하면서 보낸다. 그래서 업무와 사회생활에 지장이 많다.

전혀 그렇지 않다 ——————— 정확하게 그렇다

7. 죄를 짓는 것과 신의 심판을 받는 것이 너무나 두렵다.

전혀 그렇지 않다 ——————— 정확하게 그렇다

위에 나열한 문장 중 대부분이 자신에게 해당되는 것 같다면, 지나친 양심주의가 심각한 수준일지도 모른다. 이런 종교적 강박사고와 강박행동은 한 사람을 깊은 번민에 빠지게 한다. 반면에 적절한 수준의 종교적 헌신은 개인적인 성취감과 만족감을 높일 뿐만 아니라 사회생활을 돕고 친구, 가족과의 관계를 돈독하게 해준다.

〈집중훈련 2-3〉의 문장 중 처음 네 개는 지나친 양심주의를 구체적으로 겨냥한 것이다. 종교적 강박사고가 있는 사람은 보통 더 중요한 신앙의 측면은 뒷전이고 한두 가지 사소한 도덕적 문제에 집착한다. 가령 친구나 가족에게는 상당히 불친절하고 아주 못되게 굴기까지 하는 사람이 불순한 성적 상상을 했기 때문에 자신은 죄인이라며 고뇌하는 경우가 있다.

또 종교적 강박사고에 빠지면 다른 신자들은 전혀 신경 쓰지 않을 매우 하찮은 일에 집착할 가능성이 크다. 양심이 지나쳐서 다른 신자들이 소중히 여기는 종교적 관례를 따르지 못하는 경

우도 흔히 일어난다. 이들은 예배가 죄악과 신의 심판을 연상시
킨다는 이유로 더이상 교회에 나가지 않거나 성찬을 거부하기도
한다.

마지막으로 종교적 강박행동을 억제하려고 애써보지만 결국
굴복하는 사람도 있다. 신앙이 독실한 사람은 종교적 행동을 억
누르지 않으며, 오히려 신앙 활동과 종교의식에 자발적으로 참
여해서 큰 기쁨을 느낀다는 점에서 종교적 강박장애 환자와 차
이가 있다.

특히 이 마지막 특성에서 종교적 강박장애와 정상적인 신앙
행위가 확실히 구분된다. 지나친 양심주의 혹은 종교적 강박사
고 때문에 고민하는 사람은 특히 9장을 꼼꼼히 읽어보면 유용할
것이다.

강박사고를 통제하려 하다_강박행동과 상쇄행동

강박사고가 떠오를 때 사람들은 보통 언짢아하거나, 불안해하거
나, 질색하거나, '무조건 옳지 않다.'고 여긴다. 그럴 때 사람들
은 무언가 다른 행동을 함으로써 그 생각을 지우거나 불쾌한 감
정을 줄이려고 애쓴다. 이런 행동을 매번 똑같은 방식으로 반복

하는 것을 강박행동이라고 한다.

강박행동을 할 때 사람들은 강요받는 듯한 압박감을 느낀다. 즉 원하지 않지만 어쩔 수 없이 해야만 하는 것이다. 한편 강박사고를 지우거나 속죄하는 것이 목적이고 이를 시행할 방법이 여러 가지일 때, 이러한 반응을 상쇄행동이라고 한다.

라스무센과 아이센이 1998년에 발표한 연구 결과에 따르면, 조사 대상인 강박장애 환자의 61%가 점검 강박행동을, 50%가 씻는 강박행동을, 36%가 의식적으로 숫자를 세는 행동을, 34%가 안심이 될 때까지 재차 질문하거나 보고하는 반응을, 28%가 대칭과 정확도에 집착하는 행동을, 18%가 물품을 비축하는 행동을 나타냈다고 한다. 한 가지 부연하자면, 손을 씻는 것과 같은 외적인 행동뿐만 아니라 선한 일을 머릿속에 떠올리는 것과 같은 내적인 반응 역시 강박행동에 해당한다.

강박행동과 상쇄행동의 예

혐오성 강박사고는 대부분 다음과 같은 강박행동과 상쇄행동반응을 일으킨다.

- 올바른 생각이나 안전한 생각을 떠올림으로써 나쁜 생각을 지우거나 중화시

킨다

예를 들어 강박적 생각이나 충동, 상상이 떠오르면 사랑하는 사람이 안전하거나 행복해하는 장면을 계속 상상한다. 불경한 생각이나 충동, 상상이 떠오르면 순수한 이미지를 계속 상상한다.

• **강박적 생각이 초래할 재난을 예방하기 위해 어떤 의식을 실행한다**

예를 들어 손을 씻거나, 행운의 숫자 혹은 성결한 숫자를 세거나, 어떤 행동을 특정 횟수만큼 반복한다. 성경이나 종교 서적의 특정 문구를 완벽하게 암송한다.

혐오성 강박사고에 대한 반응으로 흔하게 나오는 강박행동은 점검하기다.[8] 점검하기는 여러 가지 형태가 있는데, 다음과 같이 분류된다.

• **내가 누군가를 해쳤는지 혹은 용서를 받았는지, 결과가 걱정했던 것만큼 끔찍하지 않는지를 점검한다**

성직자에게 반복해서 죄를 고백하고 해결책이나 용서를 구한다. 경찰에 자백해서 자신의 행동이 범죄행위인지 아닌지 가려 달라고 한다.

• 나에게 나쁜 일이 일어나지 않았는지 점검한다

예를 들어 뺑소니 사고가 보도되지 않았는지 신문과 TV을 샅샅이 뒤진다. 성적 흥분의 신호가 있는지 내 몸을 꼼꼼하게 살펴본다. 칼이 칼꽂이에 안전하게 꽂혀 있는지도 확인한다. 오늘 하루 했던 행동들을 하나하나 돌이켜보고 죄를 짓지 않았는지 꼼꼼히 따져본다.

• 나쁜 일이 일어나지 않았음을 주변 사람들에게 재차 확인받는다

예를 들어 어린이에게 기분이 괜찮은지 몇 분마다 묻는다. 친한 친구나 배우자에게 내가 게이 혹은 변태라고 생각하지 않는지 질문한다. 특정 행동이 죄에 해당하는지 아닌지 판별해달라고 성직자에게 계속 요구한다.

• 마음속으로 합리화하거나 스스로 재확인한다

예를 들어 인터넷으로 동성애 음란 영상을 찾아보고 흥분한 정도가 이성애 음란 영상을 보았을 때보다 큰지 비교해본다. 특정 행동이나 생각이 죄인지 판단하려고 종교 서적을 샅샅이 뒤진다. 내 성향이 소아성애자의 특성과 얼마나 잘 들어맞는지 비교해본다. 구원의 확신을 주는 문구를 찾기 위해 성서를 읽는다. 나쁜 생각이 떠오를 때마다 회개 기도문을 암송한다.

60

일반적으로 재차 확인하는 점검행동의 목적은 강박사고가 진짜인지 아닌지를 100% 확실하게 판가름하는 것이다. 어떤 사람들은 강박사고가 사실인 것으로 드러나더라도 그다음에 어떻게 대처해야 할지 결정할 수 있기 때문에 오히려 안도감을 느낀다고 한다. 예를 들어 말하면 어떤 사람이 자신이 소아성애자라는 것을 확실히 알게 되었더라도 죄책감을 느끼거나 혼란스러워하는 대신에 즉시 자녀를 대신 돌봐줄 사람을 구하기 시작한다는 것이다.

만약 어떤 반응에 다음 네 가지 특징이 있다면, 강박행동 또는 상쇄행동으로 볼 수 있다.

• 어떤 행동을 의도적으로 지나치게 반복해서 한다

강박행동과 상쇄행동은 의도적이고 반복적이다. 반사적으로 나오거나 습관화될 수도 있지만 일반적으로는 시간이 지나도 고의성이 사라지지 않는다. 이것은 머릿속에 저절로 떠오르는 강박사고와는 상반된다.

한편 강박행동과 상쇄행동은 실행하는 횟수가 지나치게 잦다는 특징도 있다. 다시 확인하기 위해 한 번만 물어보거나 한 번 기도하고 마는 것이 아니라 그 행동을 하루 종일 수없이 반복한다.

• 그 행동을 해야 한다는 충동을 느낀다

강박장애 환자는 보통 강박적 의식행위 혹은 상쇄행동을 실행하라는 내면의 압력을 매우 심하게 느낀다. 처음에는 저항하지만 압박감이 점점 커져서 결국에는 행동으로 옮기고 만다. 그리고 시간이 지나면 더이상 충동을 거부하지 않고 곧바로 굴복해버린다.

강박행동이나 상쇄행동이 만족할만한 수준으로 이행되면, 의식행위를 계속하라는 압력이 잠잠해진다. 그러다가 강박사고가 또 떠오르거나 그 행동을 제대로 했는지 의심이 들면 압박감이 다시 고개를 들기 시작한다.

• 행동을 통제하지 못한다

강박장애 환자는 통제력을 잃고 강박적 의식행위나 상쇄행동에 사로잡혔다는 느낌을 받곤 한다. 강박행동이나 상쇄행동을 해야 한다는 압박감에 지배받는다고 느끼는 것이다. 그래서 다른 중요한 일들을 포기하고 강박행동이나 상쇄행동을 반복하느라 깨어 있는 시간의 대부분을 보내는 경우도 있다.

• 불쾌감이나 나쁜 결과를 처리하기 위해 행동한다

강박장애 환자는 강박사고가 불러일으키는 불쾌감을 줄이려고 강박행동을 한다. 또 강박사고가 일으킬지도 모르는 피해를 사

62

전에 막으려고, 혹은 그런 생각을 품었다는 사실을 어떤 식으로든 속죄하려고 상쇄행동을 한다. 강박행동이나 상쇄행동을 하면 괴로운 마음이 줄어들고 안도감을 느낀다. 사랑하는 사람이 위험에서 벗어났고, 강박사고를 떠올린 죄를 용서받았기 때문이다.

강박장애 환자들은 강박사고가 떠올라 마음이 심란할 때 강박행동이나 상쇄행동을 하면서 이러한 행동들이 큰 위안을 주지 않더라도 그냥 그대로 있었다면 더 괴로웠을 것이라고 믿는다. 즉 강박행동과 상쇄행동이 적어도 고통이 더 심해지는 것을 막아준다고 여기는 것이다.

집중훈련 2-4

내가 강박행동 혹은 상쇄행동을 하는가?

원하지 않는데도 불쾌한 생각이 머릿속에 자꾸 떠올라서 힘들 때 나타나는 당신의 반응이 강박행동이나 상쇄행동일까? 다음 질문들과 점수표를 이용해서 평가해보자. 먼저 강박사고에 대처하는 당신 마음속의 반응이나 신체적 반응을 적어보고 이 반응들을 0점부터 4점까지 점수를 매겨서 평가해보자.

강박행동과 상쇄행동의 특징	전혀 그렇지 않음	약간	중간 정도	심함	극심함
1. 똑같은 반응을 얼마나 심하게 계속 반복해서 하는가?	0	1	2	3	4
2. 그런 반응을 하고 싶은 충동이 얼마나 강한가?	0	1	2	3	4
3. 얼마나 자주 그 반응을 통제하지 못한다고 느끼는가?	0	1	2	3	4
4. 불쾌한 기분을 없애거나 나쁜 결과를 사전에 예방하기 위해 그 반응을 얼마나 많이 하는가?	0	1	2	3	4

이 질문 중 대부분에 3점이나 4점을 주었다면, 당신의 반응은 강박행동이나 상쇄행동일 가능성이 높다.

강박사고를 통제하려 하다_사고통제와 회피행동

강박행동과 상쇄행동 외에 다른 방법으로도 강박사고를 통제할 수 있다. 프리스턴(Freeston)과 라두세르(Ladouceur)가 1997년에 발표한 연구 보고서에서 따르면, 강박장애 환자들이 강박사고가 떠오를 때 강박행동으로 대처하는 비율은 25~33%에 불과하고 나머지는 사고통제, 자아비판, 회피행동과 같은 다른 조절방법을 사용한다고 한다. 퍼든(Purdon), 로와(Rowa), 앤터니(Antony)는 강박장애 환자들이 강박행동이나 상쇄행동을 하기에 앞서 사고통제 방법으로 강박사고에서 벗어나려고 시도한다고 분석했다.

다음 목록은 사람들이 강박사고를 통제하기 위해 사용하는 조절방법 몇 가지를 간추린 것이다.

- 회피하기

  원치 않는 침투사고를 촉발하거나 그런 생각으로 인한 고통을 키우는 상황, 사람, 물체, 색깔 등을 멀리함으로써 강박사고가 떠오르는 빈도를 줄인다. 예를 들면 아이들 근처에 가지 않거나 방 안에 어린아이와 단둘이 있어야 하는 상황을 만들지 않는다. 종교적 강박사고에 시달리는 사람 중에는 세속적인 여흥을 끊거나 심하면 종교 의례까지 참석하지 않는 경우도 있다.

- 그 생각은 하찮다고 자신에게 세뇌하기

  강박적 생각은 아무런 의미가 없고 중요하지도 않다고 자신을 세뇌한다. 예컨대 "다 잘될 거야. 이런 생각은 별거 아니야."와 같은 혼잣말을 한다.

- 생각 멈추기

  마음속으로 혹은 큰 소리로 "그만!"이라고 외친다.

- **자아비판하기**

역겨운 강박적 생각이나 상상을 했던 나 자신을 비난하고 꾸짖
는다.

- **관심사 돌리기**

다른 일을 하거나 다른 것을 생각해서 강박사고에서 관심을 돌
린다.

- **다른 생각하기**

강박사고를 다른 생각으로 대체한다.[9]

강박사고를 조절할 방법은 많지만, 강박장애 환자들은 보통 사
람들처럼 생각을 쉽게 조절하지 못한다. 게다가 강박장애 환자들
은 강박행동, 자아비판, 회피행동과 같은 비효율적인 조절방법에
더 많이 의존한다. 이렇게 강박사고를 제어하려고 애쓰다보면
심신이 지쳐버려 시급한 다른 일들에 집중할 수 없게 된다. 힘만
빼고 결실은 없는 셈이다.

집중훈련 2-5

나는 어떤 조절방법을 사용할까?

연습장을 펼쳐서 다음에 나열된 강박사고 조절방법을 각각 얼마나 자주 사용하는지 0점부터 4점까지 점수를 매겨보자.

조절방법	전혀 그렇지 않음	약간	중간 정도	심함	극심함
1. 회피하기	0	1	2	3	4
2. 스스로 세뇌하기	0	1	2	3	4
3. 생각 멈추기	0	1	2	3	4
4. 자아비판하기	0	1	2	3	4
5. 관심사 돌리기	0	1	2	3	4
6. 다른 생각하기	0	1	2	3	4

이 조절방법 중 대부분에 3점이나 4점을 주었다면, 당신은 강박적 생각을 억제하려고 지나치게 애를 쓰고 있다는 뜻이다. 그런데 그렇게 함으로써 강박사고가 더 심해질 수도 있다. 이 책의 뒷부분에서 강박장애 치료를 시작하면서 이 문제를 되짚어볼 것이다.

"용기란 두려워도
맞서서 나아가는 것이다."

- 강박사고란 불쾌하거나 부적절하거나 괴로운 생각이 갑자기 떠오르는 것이다. 이러한 강박사고의 내용은 본인의 인격이나 도덕적 가치, 이상, 목표에 어긋나는 경우가 많다.

- 강박행동을 할 때 사람들은 강요받는 듯한 압박감을 느낀다. 즉 원하지 않지만 어쩔 수 없이 해야만 하는 것이다.

- 지나치게 세심한 양심을 가지고 있어서 죄라고 할만한 것이 없는데도 스스로 죄를 지었다고 여기는 사람은 비정상적으로 두려워하고 불안해하기 때문에 자신의 생각이나 행동을 종교의 맥락에서 적당히 해석하지 못한다.

- 양심에 지나치게 집착하는 사람 중에는 자신이 죄와 벌에 과하게 신경 쓰고 있으며, 어떨 때는 비이성적이기까지 하다는 사실을 잘 알고 있는 경우도 많다.

Chapter 3

강박사고는
어떻게 생길까?

강박사고와 강박행동을 왜 할까? • 강박적 생각을 진지하게 받아들인다 • 생각을
생각하기 • 인지행동모델로 보는 강박장애와 강박사고 • 인지행동치료의 원리

강박사고와 강박행동을 왜 할까?

현재로서는 강박장애가 왜 생기는지 정확하게 아는 사람이 아무
도 없다. 이제 막 강박장애가 왜 사라지지 않는지를 논리적으로
이해하기 시작했을 뿐이다.

그렇지만 이는 매우 반가운 소식이다. 강박장애가 사라지지 않
는 이유를 알게 되면, 어떻게 치료할지 그 방법의 방향을 잡을 수
있을 테니깐 말이다.

보통 사람은 하루에 4천 가지 정도의 생각을 하고 그 중 상당
수가 현재 상황과 거의 혹은 전혀 상관없이 불현듯 떠오른다는
2장의 내용을 기억하는가. 게다가 다른 사람들도 '정상적인 강
박사고'를 한다. 이렇듯 사람들 대부분이 원치 않게 떠오르는 생

각을 접하면서 살아가고 하루에 수백 가지 생각이 머릿속을 구름처럼 스쳐가는 게 정상이라면, 어떤 사람은 유독 두세 가지 생각에 지나치게 연연하는 이유는 무엇일까?

강박적 생각을 진지하게 받아들인다

답은 그 사람이 그런 생각에 어떻게 반응하느냐에 달려 있다. 당신은 그 생각에 대해 진지하게 고민하는가 아니면 가볍게 무시하고 넘기는가? 여기서 진지하게 다룬다는 것은 그 생각을 심각하게 받아들이고 위험한 사고나 위협의 전조로 보는 것이다. 그럼으로써 그 생각은 훨씬 더 의미심장한 것이 된다.

예를 하나 들어보자. 래리는 장거리 출장이 잦은 영업사원이다. 그런데 공항 보안 검색대를 통과할 때마다 '폭탄'이라는 단어를 내뱉고 싶은 갑작스러운 충동을 느끼곤 했다. 물론 실제로 그런 행동을 한다면 감당할 수 없는 결과를 초래할 것이다. 9·11 테러 이후 보안수준이 강화되어 더욱 그랬다. 그래서 래리는 어디든 비행기를 타고 갈 때면 극도로 불안해졌다. 결국 어떤 짓을 해도 머릿속에서 '폭탄'이라는 단어를 지울 수 없었고 비행기 자체를 타지 않게 되었다.

래리는 무엇 때문에 '폭탄'이라는 단어를 입 밖으로 내고 싶은 충동에 마음을 졸이게 되었을까? 그것은 바로 그 생각을 진지하게 받아들였기 때문이다. 래리는 그 생각이 떠오를 때마다 자제력을 잃고 실제로 그 단어를 말할까봐 불안해했다. 또 이런 충동을 느낀다는 것 자체가 전에는 미처 몰랐던 내재된 자기 파괴적 본성을 뜻하는 것일지도 모른다고 걱정을 했다.

마침내 래리는 생각을 조절하지 못하는 이유가 실제로 중요하고 의미 있는 것이기 때문이라고 확신하게 되었다. 즉 언젠가 실제로 '폭탄'을 입 밖으로 내뱉을 것이라는 계시이거나 정신상태를 통제하지 못해서 이상행동을 할 것이라는 사전 경고라고 말이다.

래리는 자신이 결국 문제를 일으켜서 보안요원에게 끌려갈까봐 걱정도 되면서 진땀이 났다. 양심적인 준법시민이었으므로 자신 때문에 허위경보가 울리는 장면을 상상하는 것만으로도 괴로웠다. 자신이 자제력을 잃고 그 생각대로 움직일 것이라는 확신이 들자, 결국 도움을 요청했다. 그 생각을 똑바로 해석하고 크게 신경 쓰지 않는 것이 래리에게는 무척 힘든 일이었을(일이었던) 것이다.

생각을 생각하기

생각은 인간의 의식에 순식간에 등장했다가 맹렬한 속도로 사라진다. 사람들은 누구나 무엇이 보이는지, 자신이 그것을 좋아하는지 싫어하는지, 그것이 예쁜지 흉측한지, 좋은지 나쁜지, 위험한지 안전한지를 머릿속으로 쉴 새 없이 평가한다.

또한 내 몸의 상태도 평가한다. 예를 들어 몸이 쑤시거나 통증이 있거나 그 밖에 평소와 다른 이상 감각이 있으면, 심장마비와 같은 심각한 병을 뜻하는 것인지 아니면 단순한 위경련인지를 판별하려고 한다.

생각도 마찬가지다. 사람들은 생각이나 상상 혹은 어떤 생각에 관한 기억을 끊임없이 평가한다. '이 생각 덕분에 기분이 좋아.' '참 멍청한 생각이네.' '재미있는 생각인 걸.' '짜증나는 생각이야.' '그 생각 참 웃긴다.' 처럼 말이다. 바로 이것이 '생각을 진지하게 받아들이는 것' 의 첫 단계다.

사람들은 어떤 생각이 선한지 악한지, 중요한지 쓸데없는지, 위험한지 별것 아닌지를 무의식적으로 하루에 수백 번도 더 판정한다. 어떤 생각이 자신에게 중요할수록 그 생각에 몰두하기 쉽다.

집중훈련 3-1

생각의 중요도를 주관적으로 평가하기

연습장에 두 칸짜리 표를 그리자. 왼쪽 칸 맨 위에는 '중요하다고 판단되는 침투사고'라고 적고, 오른쪽 칸 맨 위에는 '사소하다고 판단되는 침투사고'라고 적는다. 해당하는 예를 다섯 개에서 열 개 정도씩 생각해서 각 칸에 써넣자.

중요한 침투사고는 〈집중훈련 2-2〉를 참고해도 된다. 당신이 강박사고로 분류했던 생각들이 실제로는 사소한 것이라도 당신에게는 중요하게 느껴질 가능성이 높다. 오히려 사소한 침투사고를 골라내기가 더 어려울 수도 있다. 그런 생각은 대부분 순식간에 잊히기 때문이다.

사소한 침투사고의 예를 찾을 수 없다면, 한 시간 동안 머릿속에 떠오르는 생각들을 전부 새겨둔 다음에 칸을 채워보자. 중요한 침투사고와 사소한 침투사고를 채워 넣었으면, 다시 연습장에 각 생각이 당신에게 왜 중요한지 혹은 왜 사소한지 그 이유를 적어보자.

다음은 엘리스카가 자신의 중요한 침투사고와 사소한 침투사고를 나열한 표다.

중요한 침투사고	사소한 침투사고
예배중에 욕을 내뱉고 싶은 충동	화재경보기를 누르고 싶은 충동
내가 주님께 용서받을 수 없는 죄를 지었나?	내가 수표에 서명했던가?
내가 불순한 생각을 해서 예배를 더럽혔나?	바닥이 더러웠나?

이 표의 내용은 엘리스카에게만 해당되는 것이다. 당신에게는 오른쪽 칸에 적힌 침투사고가 매우 중요할 수도 있지만 엘리스카에게는 그렇지 않다. 엘리스카는 이러한 생각을 한다고 해서 겁먹거나 하지 않는다.

반면에 왼쪽 칸의 첫 번째 생각을 몹시 두려워한다. 그 이유는 불경한 행위를 떠올리는 것이 실제로 그런 행동을 하는 것만큼이나 비도덕적이고 나쁘다고 믿기 때문이다.

두 번째 생각이 두려운 것은 그런 의혹이 머릿속을 떠나지 않는 것으로 보아 자신이 정말로 씻을 수 없는 죄를 지은 것이 아닐까 의심스럽기 때문이다. 그렇다면 참회해야 마땅할 터였다.

세 번째 생각은 자신이 기도 시간을 더럽혔으므로 다시 기도해야 한다는 압박감으로 이어지기 때문에 엘리스카에게 위협이 된다. 엘리스카에게 이런 의구심을 무시하는 것은 일부러 죄를 짓는 것과 같았다. 그런 잡념을 떠올리다니 자신의 신앙이 사실은 거짓일지도 모른다는 생각이 들어 충격을 받기도 했다.

하지만 오른쪽 칸의 첫 번째 생각은 엘리스카를 전혀 괴롭히지 않는다. 스스로 통제할 수 있다고 자신하기 때문이다.

두 번째 생각도 마찬가지다. 엘리스카가 자신은 기억력이 좋고 똑똑하다고 확신하기 때문이다.

세 번째 생각 역시 전혀 신경 쓰이지 않는다. 자신은 면역력이 좋아서 세균에 노출되어도 쉽게 이겨낼 수 있다고 믿기 때문이다.

이런 태도는 매우 중요하다. 오염이나 사회적으로 부적절한 행동(가령 화재경보기를 누르는 것), 실수하는 것에 대한 공포는 강박장애 환자들에게 흔하게 나타나는 강박사고이고 때때로 사람을 심하게 망가뜨린다.

엘리스카는 왼쪽 칸을 작성할 때 생각과 사고과정에 대한 잘못된 정보를 기준으로 삼았다. 즉 생각이 행동을 이끈다거나 생각이 반드시 성격을 반영한다고 전제한 것이다.

또 책임감에 대한 관념도 지나치다. 나쁜 일이 일어났을 때 자신의 탓이라는 생각이 든다면 자신이 그 일을 저지른 것과 마찬가지라는 것이다. 하지만 이것은 오판이다.

인지행동모델로 보는 강박장애와 강박사고

지난 10년 동안 심리학계에서는 강박사고나 강박행동이 잦아지고 심해지는 이유를 연구해서 새롭게 규명하는 데 성공했다. 이것을 바탕으로 해서 앞의 1장에서 소개했던 인지행동치료가 개발되었다.

이 치료모델은 래치먼(Rachman) 박사의 1997년 연구와 살콥스키스 박사의 1996년 연구의 합작품으로 새롭게 탄생한 것이다.

이 인지행동치료모델에서는 강박장애와 강박사고가 사라지지 않는 것이 원치 않게 머릿속을 파고드는 생각을 평가하고 통제하려는 방식이 잘못되었기 때문이라고 본다. 즉 강박적 생각을 잘못 인식하고 그 생각과 이로 인한 스트레스를 억지로 통제하려고 할 때 문제가 생긴다는 뜻이다.

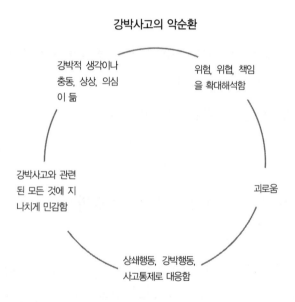

강박사고의 악순환

강박적 생각이나 충동, 상상, 의심이 듦

위험, 위협, 책임을 확대해석함

괴로움

상쇄행동, 강박행동, 사고통제로 대응함

강박사고와 관련된 모든 것에 지나치게 민감함

그림 〈강박사고의 악순환〉과 같이 인지행동모델에서는 어떤 생각을 사고나 위험의 신호로 확대해석하고, 아직 일어나지도 않은 일을 자신 탓으로 돌리기 때문에, 그 생각이 강박사고가 되어 사라지지 않는다고 설명한다. 물론 이런 걱정을 하면서 침착하고 편안하기는 쉽지 않다. 어떤 생각을 이런 식으로 해석하고 나면 당연히 초조해지기 마련이다. 그래서 부담감을 덜기 위해 강박행동이나 상쇄행동, 회피행동, 사고통제를 하게 된다.

하지만 불안감을 달래려고 사용한 이 방법들은 오히려 연상작용을 일으켜 더 자주 생각나게 만든다. 결국 정신이 극도로 예민해져서 그 생각과 관련된 모든 것을 포착해낸다.

살콥스키스 박사는 임신을 예로 들었다. 어떤 여성이 임신한 사실을 확인하고 나면 갑자기 다른 임산부, 아기, 유모차 등 임신과 관련된 것들만 눈에 띄기 시작한다는 것이다.

지금부터는 이 인지행동모델을 핵심 단계별로 짚어가며 자세히 살펴보자.

강박적 생각이 든다

강박장애 인지행동치료모델은 누구나 원치 않는 침투사고를 경험한다는 전제에서 출발한다. 이때 공격 대상은 가장 중요한 인생 목표나 주체성과 관련된 생각, 혹은 상상이나 충동일 가능성이 높다.

일례로 온화한 성품과 타인을 배려하는 마음을 자신의 장점으로 꼽는 한 여성이 있다고 치자. 이 여성에게는 친구와 대화중에 갑작스럽게 욕을 하고 싶은 충동이 드는 것이 엄청난 충격일 것이다. 반면에 성격이 까칠한 사람은 이런 생각이 들어도 별로 동요하지 않을 것이다.

살콥스키스 박사는 1985년에 발표한 논문에서 강박사고는 지금 하고 있는 고민에서부터 싹튼다고 주장했다. 이 가설을 검증한 최근 연구도 이 주장을 뒷받침한다. 강박사고로 진행되는 생각은 현재의 고민거리나 관심사항에 관한 내용인 경우가 많고[10] 개인적으로 가장 중요시하는 덕목에 어긋나는 경향이 있다는 것이다.

아이샤의 사례를 보자. 아이샤는 지하철이 진입할 때 승강장에 서 있는 사람을 밀어버리는 상상을 한다. 이런 생각이 든 지 벌써 몇 년째인데 지금까지는 어렵지 않게 무시할 수 있었다. 하지만 사회복지 일을 시작하면서 이 상상이 점차 마음에 걸리기 시작했다. 그런 상상을 한다는 것이 자신의 내면이 폭력적이고 반사회적이라는 뜻은 아닐까 걱정되었던 것이다. 만약 사실이라면 자신은 사회복지 일을 하기에는 부적합한 위험인물임이 틀림없을 터였다.

생각의 의미를 확대해석한다

자신의 의지와 상관없이 자꾸 떠오르는 어떤 생각에 일단 집중하면, 자동적으로 그 생각을 진지하게 분석하고 평가하게 된다. 래치먼은 1997년 논문에서 강박장애 환자들이 침투사고의 심각성을 지나치게 확대한다고 지적했다.

그런 예를 하나 들어보겠다. 한 남성이 길거리에서 은밀한 신체 부위를 노출하는 상상을 하고는 자신이 실제로 그런 짓을 저지를 것이라고 받아들인다. 이는 생각이 행동을 이끈다고 믿기 때문이다.

또 다른 예를 들어보자. 한 여성이 자신의 아기를 떨어뜨리는 끔찍한 장면이 머릿속에 떠올랐다. 매우 놀란 그녀는 자신이 무의식적으로 아기를 원망하는 것이 틀림없으니 아기에게서 멀어지는 게 좋겠다고 결정한다.

심리학자들은 지난 몇 년 동안 강박적 생각이 지속되는 데 기여하는 그릇된 판단의 유형을 몇 가지로 추려 정리했다. 이런 잘못된 판단이 계속 쌓이면 강박사고가 자기 자신이나 타인에게 엄청난 위해를 초래할 것이라고 믿게 된다. 그러다가 결국 이 강박사고가 결정적인 전조현상이라고 결론짓고 어떤 조치를 취해야 한다고 생각하게 되는 것이다. 침투사고가 강박사고로 변모

하게 만드는 그릇된 판단의 요소를 간략하게 정리하면 다음과 같다.

: 1. 책임 과장

이 오판유형은 살콥스키스 박사가 1996년에 제안한 것으로, 나쁜 결과가 발생하는 데 손톱만큼이라도 영향을 줄 수 있다면 자신의 명예를 걸고 무슨 수를 써서라도 그 결과를 사전에 막아야 하며 그럴만한 책임이 있다고 믿는 것을 말한다. 설령 그런 일이 실현될 가능성이 거의 없더라도 말이다.

콴인의 사례를 보자. 콴인은 특정 방향으로 바람이 불면 집 귀퉁이쪽 나뭇가지가 가끔씩 시야를 가려 정지신호가 보이지 않는다는 사실을 알아챘다. 즉시 시청에 민원을 넣어 이 문제를 신고했지만 아무런 조치도 취해지지 않았고, 얼마 못 가서 사거리에서 교통사고가 발생하고야 말았다.

콴인은 사고가 자신의 탓 같았다. 나뭇가지를 쳐내달라고 더 강경하게 밀어붙였거나 아니면 직접 잘라냈어야 했다. 자신의 방관 행위가 큰 범죄는 아니지만 정지신호등을 일부러 치워버린 것만큼 나쁘다고 생각했다.

수전은 도서관에서 공부를 하다가 땅콩버터 쿠키를 먹었다. 그런데 공부를 마치고 도서관에서 나온 지 한 시간쯤 지나서 불현듯 이런 생각이 들었다. '과자 부스러기가 자리에 남아 있는데 땅콩 알레르기가 있는 사람이 거기에 앉았으면 어쩌지? 그 사람은 거기에 과자 부스러기가 있을 거라고는 상상도 하지 못했을 텐데. 과자 부스러기가 그 사람 몸에 닿아서 온몸이 땡땡 붓는 알레르기 반응이 일어났는데 약이 없어서 죽으면 어떻게 해…. 다 내 책임이야!'

수전은 과자 부스러기를 남겨둔 자신의 부주의함이 죄스럽고 화가 치밀었다. 마치 누군가를 실제로 죽이려고 했던 것만큼이나 말이다.

: 2. 위협 과대평가

위협을 과대평가한다는 것은 강박사고가 초래할 수도 있는 결과의 심각성이나 실현될 확률을 과장한다는 뜻이다.

예를 들어 교회에서 기도중이던 델리아의 마음속에 갑자기 소름 끼치게 불경한 상상이 떠올랐다. 델리아는 이것을 악마가 씌었다는 신호로 여겼다. 그러자 이 생각을 멈추지 않는다면 영원히 저주받을 거라는 확신이 들었다.

한편 변호사인 구스타프는 법정에서 매우 부적절한 발언을 하고 싶은 갑작스러운 충동에 사로잡혔다. 구스타프는 어떤 식으로든 결코 충동적으로 행동하지 않는 사람이었고 법정에서 침착하고 신중하기로 명성이 자자했지만, 자신이 이런 충동에 굴복할 가능성이 65% 정도 된다고 자평했다.

: 3. 사고–행동 융합

사고–행동 융합이란 부정적인 사건을 떠올리면 실현될 가능성이 커진다고 생각하거나, 못된 생각은 못된 행동과 도덕적으로 동등하다고 가정하는 것이다.[11]

1985년 가을, 우주왕복선이 발사되기 일주일 전에 우주개발 계획의 광적인 추종자인 레이나의 머릿속에 우주선이 폭발하는 장면이 갑자기 떠올랐다. 레이나는 겁에 질려 이 장면을 머릿속에서 지우려고 온갖 애를 썼다. 자꾸 생각하면 실제로 일어날 것이라고 믿었기 때문이다. 우주왕복선에 대한 모든 뉴스 기사에 눈과 귀를 닫고 한 주 동안 TV를 보지 않았다.

하지만 결국 이 끔찍한 재앙이 현실에서 벌어지고 말았다. 레이나는 우주선이 폭발한 것이 자신의 상상 때문이라고 여겼고, 거의 20년이 지난 지금까지도 여전히 죄책감에 짓눌려 살고 있다.

한편 쥐안은 아내를 두고도 못생긴 외간 여자와 성행위를 하는 상상을 한다. 쥐안은 그렇게 상상을 하는 것만으로도 실제로 바람을 피우는 것만큼이나 불량하다고 생각한다. 자신이 부정한 짓을 저지른 부도덕한 놈이라고 말이다.

: 4. 사고통제

원치 않는 생각이 떠오르면 정신 건강을 유지하고 정상적으로 행동하기 위해 그 생각을 애써 억누르게 되는데 이를 사고통제라고 한다.

파하드의 경우를 보자. 여행사 영업사원인 파하드는 운전할 때 마주 오는 차를 향해 질주하는 장면을 자꾸 떠올렸고, 이런 생각을 떠오르는 대로 두는 것이 매우 위험하다고 판단했다. 생각을 통제하지 못하면 행동도 통제하지 못할 것 같아 두려웠기 때문이다.

한편 캐시는 아이를 폭행하는 상상이 자꾸 떠올라 기분이 언짢다. 결국 진짜로 아이에게 손을 댈까봐 걱정되어 더이상 이런 생각을 하지 말자고 다짐했다.

: 5. 불확실성 불인정

불확실성 불인정이란 무언가 나쁜 일이 일어나지 않았다고 혹은 앞으로 일어나지 않을 것이라고 완벽하게 확신한 후에만, 어떤 결정을 내리거나 일상생활을 할 수 있는 경우를 말한다.

가령 앙케는 자신이 용서받을 수 없는 죄를 지은 것은 아닌지 계속 미심쩍어하고 있다. 그래서 죄가 될만한 행동을 했는지 확실히 판정하기 위해 하루 동안의 행동들을 하나씩 분석하고 또 분석한다.

또 제인은 자신이 폭력을 접했을 때 성적으로 흥분하기 때문에 강간을 저지를 우려가 있다는 고민에 빠졌다. 그래서 강간범에 대한 글들을 읽고 강간범의 특징과 자신의 모습을 비교하는데 몇 시간씩을 보낸다. 차라리 자신이 잠재적인 강간범이라는 사실을 알고 나면 후련할 거라고 생각한다. 그러면 적어도 옳은 일을 하고 있다는 자신감을 갖고 자신을 사회에서 격리시켜, 친구와 가족을 멀리하는 방식으로 문제를 해결할 수 있을 테니까 말이다.

: 6. 완벽주의

모든 문제에는 단 하나의 해결책만이 존재하고 그 밖의 모든 것은 절대적으로 틀렸다는 사고방식을 완벽주의라고 한다.

엘리스카의 사례가 대표적인 경우다. 엘리스카는 예배 시간에 불순한 생각이 떠오르면 아주 잠깐이었더라도 예배 전체를 망친 것이나 다름없다고 여긴다.

: 7. 사고통제 실패

강박장애 환자 중에는 사고통제 실패의 의미를 잘못 해석하는 사람이 많다. 이런 사람들은 생각을 억제하지 않으면 자신이 미치거나 이성을 잃을 때까지 그 생각이 계속 부풀어오를 거라고 생각하고 두려워한다.

그래서 사고를 통제하는 데 실패하면 그 생각이 아주 위험하다는 뜻으로 받아들이는 것이다. 그렇지 않다면 그렇게 애쓰는데도 자꾸 떠오를 까닭이 없다는 논리에서다. 또 정신을 통제하지 못하면 행동 역시 제어하지 못한다고 여기는 사람도 있다.

강박행동, 상쇄행동, 사고통제로 대응한다

떠오르는 생각을 앞에서 말한 식으로 해석하고도 위협을 느끼지 않는 사람은 거의 없다. 사람들은 일단 위험하다고 느끼면 불안해져서 위험수준을 낮출 수 있는 대처방법을 찾는 데 온 신경을 집중한다.

이런 대처반응은 자신을 점검하거나 주변 사람들에게 재차 확인받는 등의 강박행동, 또는 자신은 범죄자나 나쁜 부모가 아니라고 자기합리화하는 등의 상쇄행동으로 나타난다. 어떤 사람은 원치 않는 생각을 억눌러서 대처하기도 한다(강박행동, 상쇄행동, 사고통제에 관한 2장의 내용을 참고한다).

강박장애 환자는 대개 강박행동이나 상쇄행동을 한 후에 어느 정도 안도감을 느낀다고 한다. 불안감이 줄어들었거나 적어도 심적 고통이 더 심해지는 것을 막았다고 느끼기 때문이다. 그래서 언뜻 보면 이 전략이 효과적인 것처럼 보인다.

하지만 실상은 그렇지 않다. 이런 행동은 오히려 강박사고의 위험수준을 제대로 파악할 수 없게 만든다. 게다가 이런 행동을 통해 불안감이 조금이라도 해소되는 것을 체험하고 나면, 다음번에 강박사고가 떠올랐을 때 이 행동 외의 다른 방식으로는 대처할 수 없게 된다.

한편 사고통제 전략 역시 잠깐은 효과가 있지만 장기적으로는 오히려 문제를 일으킨다. 때때로 통제하려는 노력이 실패하면 다음번에 더 많이 애쓰게 되는데, 그러다보면 사람이 기진맥진해지기 마련이다.

강박사고의 빈도가 증가한다

상쇄행동과 강박행동은 강박사고와 밀접한 관련이 있기 때문에 결국 그 생각을 다시 연상시킨다.

후안의 사례를 보자. 손자들을 칼로 찌르는 상상에 시달리던 후안은 견디다 못해 어린 손자를 장성한 어른의 모습으로 바꿔 보기 시작했다. 즉 죄책감을 덜 수 있는 선한 이미지를 만든 것이다. 그 중에는 손자들이 장성해서 졸업 가운을 입고 있는 이미지도 있었다.

한동안은 괜찮은 듯했으나 이내 다시 강박사고가 시작되었다. 후안이 만든 선한 이미지 속에서 아이들이 입고 있던 졸업 가운에 대한 글만 읽어도 원치 않는 생각이 다시 머릿속을 비집고 들어왔던 것이다.

이렇듯 불행히도 어떤 생각을 억지로 지우려고 하면 그 생각과 관련된 모든 것에 극도로 예민해진다. 이는 결과적으로 그 생각이 더욱 쉽게 촉발되게끔 만들 뿐이다. 요약하자면 강박행동, 상쇄행동, 사고통제는 강박사고와 관련된 모든 것에 과민해지게 만들어서 다시 강박사고가 떠오르게 하는 셈이다. 결국 강박사고를 하는 횟수가 늘어나는 것이다.

인지행동치료의 원리

강박장애 인지행동모델은 강박적 생각의 악순환을 깨버릴 묘안을 여럿 제시한다. 이 모델에 따르면, 강박사고를 오판했을 때와 강박사고를 억제하려 강박행동이나 기타 상쇄행동을 할 때 오히려 강박사고가 더 잦아지고 심해진다고 한다.

이러한 악순환을 끊으려면 활용할 수 있는 정보와 인지행동치료방법을 정확하게 익혀야 한다. 이제 8장부터 10장에 걸쳐 이 내용을 자세히 알아볼 것이다.

인지행동치료방법의 목적은 한 사람의 강박사고를 '중요한 침투사고' 범주에서 '사소한 침투사고' 범주로 옮기는 것이다. 인지행동치료는 좀더 구체적으로 다음의 세 가지를 목표로 삼고 있다.

- 강박사고를 잘못 판단하지 않고 강박사고의 의미를 객관적으로 판단한다.

- 강박행동과 기타 상쇄행동을 예방 또는 중지한다.

- 아무리 혐오스럽고 기상천외한 강박사고라도 나쁜 결과를 초래하지 않고 생각만으로 그칠 수 있다는 것을 배운다.

> *"용기란 두려워도*
> *맞서서 나아가는 것이다."*

- 생각은 인간의 의식에 순식간에 등장했다가 맹렬한 속도로 사라진다.

- 인지행동치료모델에서는 강박장애와 강박사고가 사라지지 않는 것은 원치 않게 머릿속을 파고드는 생각을 평가하고 통제하려는 방식이 잘못되었기 때문이라고 본다. 즉 강박적 생각을 잘못 인식하고 그 생각과 이로 인한 스트레스를 억지로 통제하려고 할 때 문제가 생긴다는 뜻이다.

- 강박장애 인지행동치료모델은 누구나 원치 않는 침투사고를 경험한다는 전제에서 출발한다.

- 자신의 의지와 상관없이 자꾸 떠오르는 어떤 생각에 일단 집중하면 자동적으로 그 생각을 진지하게 분석하고 평가하게 된다. 강박장애 환자들은 침투사고의 심각성을 지나치게 확대한다.

강박장애 증상의
특성 파악하기

나의 강박장애 증상은?

지금까지는 강박장애란 무엇이며, 왜 사라지지 않는지를 살펴봤다. 이제는 자기 자신의 강박장애 증상을 똑바로 이해할 차례다. 4장에서는 2주의 시간을 할애하기 바란다.

어쩌면 이런 생각을 하는 사람이 있을 수도 있겠다. '나는 이미 내 상태를 잘 알아. 어떤 증상이 있는지 알고 있다고.' 하지만 필자들이 환자들을 치료하면서 보아온 바로는 강박장애 환자 대부분이 강박행동이나 상쇄행동, 사고통제, 회피행동이 습관화되어 있었다. 이들은 자신이 무얼 하고 있는지도 몰랐고, 자신의 행동이 강박장애의 일부분임을 의식하지도 못했다.

가령 후안의 강박사고는 손자들을 해치는 상상이었다. 후안은 이 끔찍한 장면을 떠올리지 않으려고 이런 상상을 일으키는 모든 것을 회피했다. 피를 연상시키는 빨간색을 포함해서 말이다. 하지만 빨간색 옷을 입지 않고, 아들의 빨간색 자동차를 운전하지 않으며, 빨간색 테이블이 있는 식당에 가지 않는 식의 행동이 습관화되어버리자, 후안은 더이상 이것이 강박장애의 일부라는 사실조차 자각하지 못했다. 그저 자신이 빨간색을 싫어한다고만 생각했다.

필자들의 눈에 띈 강박장애 환자들의 특징이 하나 더 있다. 바로 대부분 자신이 강박장애의 의미를 해석한 방식이 어떤 오판 유형인지 구분하지 못한다는 점이다. 이런 판정 행위는 무의식적으로 하는 경향이 있기 때문에 식별하려면 연습을 많이 해야 한다.

강박장애를 극복하려면 강박사고와 강박행동, 상쇄행동, 사고통제, 회피행동을 포함한 강박장애의 모든 행동측면을 정확하게 파악하는 것이 필수적이다. 또 자신이 강박사고의 의미를 해석하는 방식, 즉 강박사고의 인지측면 역시 제대로 이해해야 한다. 4장에서 할 훈련이 이 요소들을 자세히 이해하는 데 도움을 줄 것이다. 그러면 강박장애의 행동측면부터 살펴보자.

증상의 특성 파악하기 _ 행동측면

다음 일주일 동안 언제 어떤 강박사고가 발생하는지, 자신이 어떤 강박행동이나 상쇄행동, 사고통제, 회피행동을 하는지를 추적해보자. 참고할 수 있도록 각각의 뜻을 풀어보면 다음과 같다.

먼저 강박행동과 상쇄행동이란 강박사고 때문에 겪는 고통을 줄이기 위해 취하는 정신적인 혹은 신체적인 반응을 말한다. 사고통제란 어떤 생각이 떠올랐을 때 애써 지우려고 하는 것을 말한다. 회피행동이란 강박사고가 떠오르는 것을 막기 위해 혹은 강박사고로 인해 심란한 마음을 달래기 위해 어떤 행위, 사람, 장소, 상황, 물건을 일부러 피하는 것을 말한다.

강박사고, 강박행동, 상쇄행동, 사고통제, 회피행동을 구분하는 방법은 2장의 내용을 참고하기 바란다.

집중훈련 4-1
강박장애 행동 추적하기

연습장에 여섯 칸짜리 표를 그리자. 각 줄에 첫 번째 칸에 다음과 같이 제목을 붙여두자.

• 날짜

• 강박사고

• 기분(예를 들어 혐오스러움이나 두려움)

• 강박행동 · 상쇄행동

• 사고통제

• 강박행동 · 상쇄행동을 한 후의 기분

다음 일주일 동안 언제 어떤 강박사고가 발생하는지 주시하자. 그리고 강박사고가 떠오르면, 날짜와 내용을 적고 기분 칸에 강박사고가 떠올랐을 때 들었던 기분을 모두 기록한다.

0점부터 100점 중 하나로 점수를 매기자. 그런 감정이 전혀 들지 않으면 0점으로 하고, 중간 정도이면 50점, 살아오면서 그 어느 때보다 심하면 100점으로 한다.

그런 다음 강박사고에 대한 반응으로 했던 강박행동과 상쇄행동을 모두 적는다. 강박사고를 지우려고 사고통제를 사용했다면 그것도 적는다.

마지막으로 강박행동이나 상쇄행동을 한 후에 어떤 기분이 들었는지를 평가하자. 차분해졌다거나 불안감이 줄었다는 식으로 말이다.

강박사고가 생각보다 자주 들 수도 있기 때문에 오전, 오후, 저녁에 한 번씩 하루에 세 번만 기록할 것을 권한다. 이렇게 일주일 동안 작성하면, 총 21줄을 기록하는 셈이다.

해당하는 강박사고를 경험하자마자 표를 작성해야 한다. 연습장을 늘 가지고 다니는 것도 좋다.

다음은 리처드가 작성한 표에서 하루를 발췌한 것이다. 리처드의 강박사고 중 가장 심각한 것은 자신이 소아성애자일지도 모른다는 것이다.

날짜	2월 12일 오전	2월 12일 오후	2월 12일 저녁
강박사고	놀고 있는 여자아이들을 보면서 내가 흥분했나?	내가 소아성애자면 어쩌지?	TV 채널을 바꾸다가 어린이 프로그램에서 눈을 떼지 못했나?
기분	수치심-100 두려움-90 죄책감-90	수치심-80 두려움-80	두려움-40 죄책감-20 수치심-20
강박행동 상쇄행동	여자아이들을 건강하고 행복한 성인 여성으로 바꿔 생각했다.	인터넷을 검색해서 자신이 유명한 소아성애자들과 얼마나 비슷한지 찾아봤다.	강박행동이나 상쇄행동은 하지 않았다. 생각을 억눌렀다.
사고통제	하지 않았다.	생각을 억누르려고 했지만 소용이 없었다.	축구경기에 집중해서 주의를 분산시켰다.
행동 후 기분	수치심-50 두려움-80 죄책감-90	수치심-30 두려움-70	두려움-5 죄책감-5 수치심-10

이제 당신이 하는 모든 회피행동을 기록해보자. 연습장의 다른 페이지에 간단하게 적으면 된다. 어떤 사람, 물건, 혹은 어떤 상황을 피할 때마다 날짜와 회피 대상을 쓴다. 어떤 상황 전체를 피했을 때뿐만 아니라 그 상황의 특정 측면만 피했을 때도 기록하자. 즉 손자들을 아예 보러 가지 않는 것뿐만 아니라 손자 집에 갔지만 아이들과 한방에 있지 않으려고 한 경우도 기록하자.

증상의 특성 파악하기 _ 인지측면

3장에서는 혐오성 강박사고가 있는 사람들이 이런 강박사고의 의미를 해석하는 방식을 살펴봤다. 이제부터는 독자들이 각자의 강박사고를 어떤 식으로 받아들이는지 스스로 진단해볼 차례다. 이것은 생각보다 어렵고 연습을 꼭 해야 한다. 앞에서도 지적했듯이 평가 작업은 무의식적으로 일어나 여러 가지 가정과 추정이 겹겹이 깔려 있다는 사실을 깨닫기도 전에 고정관념으로 굳어버리기 때문이다.

사실 인간의 정신은 매우 효율적으로 작동하도록 설계되어 있는데다가 보통 사람들은 빠르고 쉽게 사고하려는 경향이 있다. 가령 탁자를 볼 때는 그 탁자만 눈에 들어오듯이 말이다. 하지만 정작 머릿속을 들여다보면 그렇지 않다. 일련의 경사진 평면들에 대한 시각 데이터가 뇌에 입력되면 이 데이터를 처리해서 탁자라고 결론을 내리기까지 꽤 복잡한 과정을 거치게 된다. 지금 사고과정 중 어느 단계가 작동중인지 미처 인식하지도 못하는 사이에 말이다.

예를 또 하나 들어보자. 데버러는 리무진에서 내려 활기차게 길을 걸어간다. 모피코트를 걸치고 명품 선글라스와 거대한 다이아몬드 반지에 손목에는 롤렉스시계까지 차고 있다. 네일 아티스트와의 약속에 늦었는데 차가 가게 입구까지 들어갈 수 없다고 해서 지금 서두르는 중이다. 그런데 목적지인 스파 입구 근처에 걸인 하나가 앉아 있는 모습이 눈에 띈다.

자, 이제 다음 질문에 '바로' 예, 아니오로 답해보자. 데버러는 걸인에게 돈을 줄까 주지 않을까? '고민하지 않고 바로 말한' 당신의 솔직한 대답은 무엇인가?

이제 당신이 어떻게 이런 답을 하게 되었는지를 살펴보자. 당신은 주어진 정보를 무의식적으로 분석해서 예 혹은 아니오로 답했을 것이다. 당신의 대답은 당신이 부자들, 모피코트를 입고 있는 사람들, 여자들을 어떻게 생각하는지를 반영한다.

이번에는 차분하게 상황을 분석해보자. 그러면 당신은 다른 대답을 할지도 모른다.

예를 들어 데버러가 약속 시간에 맞추려고 서두른다는 점을 고려하면, 데버러는 타인의 시간도 소중하게 여기는 사람이라고 볼 수 있다. 그러므로 타인을 배려할 줄 아는 인정 많은 사람이기 때문에 걸인에게 몇 푼 쥐어줄 것이다. 아니면 손톱 손질이 끝나면 또 다른 곳에 들러야 하기 때문에 서두른다고 판단할 수도 있다. 즉 데버러를 자기중심적이고 타인의 일에는 관심이 없는 사람으로 보는 것이다.

혹은 어떤 식으로든 단언하기에는 배경 정보가 빈약하다고 생각하고 추가 설명을 요구할 수도 있다. 데버러가 걸인에게 적선한 경험이 있는 사람인지, 노숙자를 편견 없이 보는지 아니면 보수적으로 보는지 등을 알고 싶어할지도 모르겠다.

이것이 바로 생각이나 현상에 관한 무의식적 고정관념을 재고하는 것의 백미다. 원한다면 이것을 '냉철하게 심사숙고한다.'고 표현할 수도 있을 것이다. 당연한 듯 내뱉었던 처음 의견은 싹 잊고, 모든 각도에서 상황을 재조명하고 새로운 정보를 찾아 주어진 모든 자료를 토대로 결론을 도출하는 것이다.

이제 데버러의 사례를 분석했던 것과 똑같이 당신이 자신의 강박사고를 무의식적으로 어떻게 평가하는지 확인해볼 순서다. 강박사고가 떠오를 때마다 아래의 질문들을 자기 자신에게 던져보자.

• 이 강박사고가 내 어떤 성격을 보여주는가?

• 이 강박사고가 앞으로 있을 어떤 일을 암시하는가?

• 이 강박사고의 어떤 부분이 내 심기를 제일 건드리는가?

폴라는 아이를 폭행하는 강박사고에 시달린다. 그래서 "이 생각이 왜 이렇게 신경 쓰일까?"라며 자문해본 후 이런 결론에 도달했다. "좋은 엄마는 자기 아이를 해치는 생각을 하지 않아. 그러니까 이런 생각을 한다는 건, 난 좋은 엄마가 아니라는 뜻이겠지. 내가 이성을 잃고 실제로 아이에게 손을 대면 어떻게 하지? 왜 이런 생각이 드는지 정말 모르겠어. 예전에는 미처 몰랐던 변태 같은 면이 나에게 있는 게 아니라면 말이야."

하지만 폴라는 이 결론을 재검토할 필요가 있다. 자식을 폭력에서 보호하고자 하는 바람은 지극히 정상적이고 이성적인 것이다. 반면에 아이를 멀리하거나 아동폭력의 결과를 경시하는 것은 결코 바람직한 대처 방법이 아니다. 폴라는 처음에 강박사고가 떠오른다는 것 자체만으로 자신이 나쁜 엄마이고 아이에게 해를 끼칠 것이라고 판단했다. 하지만 이 판단은 다시 생각해봐야 한다.

확대해석 구분하기

이번에는 자신의 강박사고를 스스로 평가하고 연습장에 기록하자. 혐오성 강박사고는 누구라도 넌더리 낼만한 내용이 대부분이다. 처음에는 "역겨워."라거나 "정말 싫다."라는 말만 끄적댈 것이다. 이것은 강박사고와 강박사고에 대한 당신의 반응을 정확하게 설명하는 표현이다. 그 생각이 끔찍하고 싫은 것은 당연하다. 하지만 이 정보는 별 쓸모가 없다. 당신이 할 일은 자신이 왜 이 생각을 그렇게 싫어하는지 알아내는 것이다. 즉 어떤 점 때문에 일상생활에 지장을 줄 정도로 격렬하게 반응하는지 알아내야 한다.

다른 사람들도 똑같이 혐오스러운 생각을 한다. 그렇지만 그들은 그 생각이 별로 중요하지 않다고 해석하기 때문에 그 생각에 전혀 얽매이지 않는다. '무슨 이런 끔찍한 생각을! 내가 실제로 그런 일을 벌일 사람이 아니라 참 다행이군.' 혹은 '참 이상한 생각이네. 내가 창조성이 지나쳐서 유쾌한 상상만큼이나 불쾌한 상상도 하나보다.' 라고 한 번 곱씹고 말 뿐이다. 이 점을 꼭 기억하자.

집중훈련 4-2
평가내용 추적하기

연습장에 네 칸짜리 표를 그리자. 위에서 아래로 가면서 각 칸에 다음과 같이 제목을 붙여두자.

- 날짜

- 강박사고

- 기분

- 강박사고 평가내용

다음 일주일 동안 언제 어떤 강박사고가 발생하는지 주시하자. 강박사고
가 떠오르면, 날짜와 내용을 적어두자. 기분 칸에 강박사고가 떠올랐을
때 들었던 기분을 모두 기록한다. 감정이 얼마나 컸는지 바로 전에 했던
훈련에서처럼 숫자로 매긴다. 그런 다음 강박사고가 떠올랐을 때 했던
생각들을 모두 기록한다.

강박사고가 생각보다 자주 들 수도 있기 때문에 오전, 오후, 저녁에 한
번씩 하루에 세 번만 기록할 것을 권한다. 이렇게 일주일 동안 작성하면
총 21줄을 기록하는 셈이다. 해당하는 강박사고를 경험하자마자 표를 작
성해야 한다. 연습장을 늘 가지고 다니는 것도 좋다.

다음은 대프니가 작성한 표에서 하루를 발췌한 것이다.

날짜	1월 28일 오전	1월 28일 오후	1월 28일 저녁
강박사고	다친 사람의 목발을 걷어차고 싶은 충동	식수대 물이 바닥에 튀어서 누군가 미끄러져서 다치면 어쩌지?	노인에게 발을 걸고 싶은 충동
기분	두려움-90 수치심-80	두려움-80 죄책감-90	두려움-90 죄책감-90 수치심-90

날짜	1월 28일 오전	1월 28일 오후	1월 28일 저녁
평가내용	내가 정신병자인가? 마음 한구석에서 진심으로 원하지 않는다면 이런 생각을 할 리가 없어. 이런 충동이 자꾸 들면 결국 언젠간 그대로 행동하고 말 거야. 나는 사회악이야. 이런 생각을 하다니 최악이야.	물을 흘린 것 같지는 않은데 사실은 물이 튀었을지도 몰라. 그 때문에 무슨 일이 생겼다면 다 내 탓이야. 다시 가서 물기를 닦아내지 않는 것은 일부러 누군가를 넘어뜨린 것과 똑같아.	난 못된 인간이야. 이 생각이 머릿속을 떠나지 않아. 어떤 징조임이 분명해. 어쩌면 내가 진짜로 그런 행동을 하고 싶어하는 것인지도 몰라. 난 뼛속부터 냉혈한인가 봐. 간호사 일을 그만두라는 계시가 틀림없어. 이대로 가면 이성을 잃고 실행해버리고 말 거야. 이런 생각을 조절하지 못하다니, 정말로 누군가에게 발을 걸어 넘어뜨리는 짓과 똑같아.

세 번째 줄에 적은 기분이 모두 네 번째 줄에 적은 평가내용에 반영되어 있어야 한다. 즉 세 번째 줄에 두려움을 적었다면, 네 번째 줄에 왜 그런 기분이 들었는지가 설명되어 있어야 한다. 만약 두려움과 함께 수치심과 죄책감도 느꼈다면, 두려움을 반영하는 '맙소사, 내가 이성을 잃고 생각대로 실행해버리면 어쩌지?'라는 평가와 수치심과 죄책감을 반영하는 '도덕을 지키는 선한 사람은 이런 생각을 하지 않아. 이런 생각을 하다니, 난 부도덕한 사람임이 분명해.'라는 평가를 적으면 된다.

자신이 강박사고를 무의식적으로 어떻게 평가하는지를 파악할 때 다음과 같은 질문을 해볼 수 있다. 이 질문들을 연습장에 적어두고 그대로 활용해도 좋다.

108

- 이 강박사고가 내 어떤 성격을 보여주는가?

- 이 강박사고를 그대로 방치한다면 내가 어떤 사람이 될까?

- 이 강박사고가 자꾸 떠오르는 것은 무슨 뜻일까?

- 이 강박사고를 그대로 방치한다면 어떤 일이 벌어질까?

　표를 작성하기 시작한 지 일주일쯤 되면 강박사고에 대한 자신의 반응이 상당 부분 이해될 것이다. 강박사고가 왜 그렇게 복잡한 감정을 일으키는지, 강박사고가 들 때 자신이 왜 그런 식으로 행동하는지를 정확하게 이해해야 한다.

　강박장애가 어떤 면에서 꽤 논리적이라는 것은 분명하다. 실제로 당신이 평가한 강박사고의 의미는 당신이 감정적으로 어떻게 반응하는지와 그 반응에 어떤 식으로 대처하는지를 설명해준다. 어쩌면 자신이 심사숙고해서 논리적으로 결론을 내는 것이 아니라 추측만 잔뜩 하고 있다는 사실을 깨닫게 될지도 모른다.

> "용기란 두려워도
> 맞서서 나아가는 것이다."

4장 체크 포인트

● 강박장애 환자 대부분은 강박행동이나 상쇄행동, 사고통제, 회피
  행동이 습관화되어 있다. 이들은 자신이 무얼 하고 있는지도 모
  르고, 자신의 행동이 강박장애의 일부분임을 의식하지도 못한다.

● 강박장애를 극복하려면 강박사고와 강박행동, 상쇄행동, 사고통
  제, 회피행동을 포함한 강박장애의 모든 행동측면을 정확하게 파
  악하는 것이 필수적이다.

● 자신이 강박사고의 의미를 해석하는 방식, 즉 강박사고의 인지측
  면 역시 제대로 이해해야 한다.

● 다른 사람들도 똑같이 혐오스러운 생각을 한다. 그렇지만 그들은
  그 생각이 별로 중요하지 않다고 해석하기 때문에 전혀 얽매이
  지 않는다.

110

Chapter 5

강박장애가 왜
사라지지 않을까?

강박적 행동이 지속되는 이유 • 강박장애는 주기적으로 발생한다

강박적 행동이 지속되는 이유

지난 2주에 걸쳐 강박장애 증상을 추적 관찰해봤으니, 이쯤 되면 원치 않는데도 강박장애가 계속되는 이유가 무엇인지 확실히 파악했으리라 믿는다. 증상이 지속되는 이유를 알면 이 책에서 제안하는 강박장애 치료법의 바탕에 깔린 원리를 쉽게 이해할 수 있을 것이다.

〈집중훈련 4-1〉에서 작성했던 표를 다시 살펴보자. 특히 강박행동, 상쇄행동, 회피행동을 하기 전에 들었던 기분 혹은 이런 행동을 하지 않았다면 느꼈을 기분에 주목한다. 이런 행동을 한 이유는 어느 정도이든 스트레스를 줄여주기 때문일 것이다. 혹은 이런 행동을 하지 않으면 기분이 더 나빠지기 때문일 수도 있다. 그러므로 강박행동, 상쇄행동, 회피행동은 잠시 마음의 짐을 덜어주는 기능을 하는 셈이다.

어떤 행동이 불쾌지수를 낮춰준다면 사람들은 그 행동을 반복하게 된다. 이것은 인간의 본성이다. 기분이 나아지니까, 적어도 더 불쾌해지는 것을 막아주는 것 같으니까 이런 행동을 되풀이하는 것이다. 그만두고 싶어도 이런 행동이 선사하는 위안이 너무 커서 멈출 수 없다.

이런 행동은 반복할수록 점점 일상이 되어가고 결국 습관으로 자리 잡는다. 마음의 안정이 필요한 상황이 아닌데도 무의식적으로 이런 행동을 하게 될지도 모른다.

습관은 버리기 어렵다. 자신의 다른 습관들을 떠올려보라. 손톱을 깨무는 것, 불량식품으로 끼니를 때우는 것, TV를 너무 많이 보는 것, 돈을 아낌없이 펑펑 쓰는 것 등. 그러지 않겠다고 여러 번 맹세했지만 결국 실패했을 것이다.

자신의 강박적 행동이 과하거나 터무니없거나 우스꽝스럽다는 생각이 들어도 예전에 효과가 있었기 때문에, 혹은 이미 습관이 되어서 저항하기 어렵기 때문에 그냥 하게 된다. 결코 하고 싶어서 하는 것이 아니다.

강박장애 행동의 지속성을 이해하기

〈집중훈련 4-1〉에서 작성했던 표를 다시 살펴보자. 강박행동이나 상쇄행동을 하기 전과 후의 기분을 비교해보자. 그래프를 그리면 각 요소가 어떻게 맞물리는지 한눈에 보일 때가 많다. 연습장에 다음의 그래프를 그려보자.

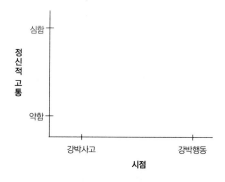

그래프에서 강박사고가 들기 전에 당신의 정신적 고통이 어느 정도였는지를 가장 잘 설명하는 지점에 점을 찍는다.

예를 들어 정신적 고통이 작지도 크지도 않았다면, '정신적 고통' 축의 가운데쯤에, 시점 축의 '강박사고' 지점보다 왼쪽으로 점을 찍는다. 다음으로 강박사고가 떠오른 직후의 괴로움 수준을 점을 찍어 나타낸다. 이어서 강박행동을 한 후의 괴로움 수준을 점을 찍어 나타낸다. 그런 다음 세 점을 이어본다.

강박행동 혹은 상쇄행동을 한 후 마음이 더 심란해졌다면, 강박사고가 떠오른 시점에 아무런 반응도 하지 않았더라면 마음이 어땠을지를 예상해서 그래프를 그려보자. 아마도 강박사고가 떠올랐을 때 정신적 고통이 치솟았다가 강박행동이나 상쇄행동을 한 후에 상당히 진정되었을 것이다.

강박장애는 주기적으로 발생한다

강박사고와 강박행동은 주기적으로 발생한다. 강박장애가 있는 사람들은 강박사고가 떠오르면 어떤 위험이나 부도덕성의 신호라고 받아들이는데, 이런 해석은 무거운 불안감을 조성한다. 이때 강박행동이나 상쇄행동을 하면 이런 불안감이 다소 해소된다. 적어도 아무 행동도 하지 않고 방관하는 것보다는 괴로움이 덜할 것이라는 심리도 작용한다.

한편 강박사고를 원천봉쇄하는 방법도 있다. 하지만 이 경우 강박사고에 관한 새로운 정보를 얻을 수 없기 때문에 강박사고가 위험하다는 처음의 해석이 절대 바뀌지 않는다. 게다가 이런 식으로 강박사고가 떠오르지 않도록 피해 다니다보면 그 생각이나 강박행동, 상쇄행동, 회피행동과 관련된 모든 것에 예민해진다. 그 결과 강박사고가 머릿속에 더 자주 등장하고 전체적인 주기가 되풀이되는 것이다.

강박장애의 주기 완벽하게 이해하기

5장을 마치기 전에 인지행동모델에서는 강박사고의 지속성을 어떻게 바라보는지를 배우는 훈련을 하나 더 해보자. 〈집중훈련 3-1〉에서 오른쪽 칸에 적었던 '사소한' 침투사고 중에서 하나를 고른다.

이제 이 생각을 잠깐 스쳐지나가는 상념에서 온 신경을 거스르는 강박적 생각으로 만들려면 어떻게 해야 하는지 고민해보자. 어떻게 하면 이 사소한 침투사고가 강박적 생각만큼 성가실지 연습장에 적는다.

개인적으로 이 생각에 느끼는 책임감이나 이 생각이 주는 위협, 혹은 이 생각을 통제하는 것의 중요성을 얼마나 과장해야 하는지 가늠해보자. 생각을 통제하려고 어떤 노력을 했을 때 상황이 더 악화될까? 생각을 통제하지 못하면 어떤 결과가 초래될까? 이런 가상의 악순환 고리를 그려보면 평범한 생각이 강박사고로 발전하는 과정을 알아볼 수 있다.

안내한 대로 5장의 훈련 두 가지를 완수한 사람은 자신의 강박사고와 강방행동을 훨씬 더 잘 이해하게 되었을 것이다. 그렇다면 이제부터는 무엇을 해야 할까? 먼저 강박사고를 진실이나 사실로 단정하지 않고 추측으로 해석하는 연습을 시작할 것이다. 이를 위해 이 책은 생각과 사고과정에 대한 정보를 충분히 제공한다. 이 정보는 강박사고를 사실이 아닌 추측으로 평가하는 요령을 익히는 데 큰 도움이 된다.

그런 다음에는 강박사고에 대처하는 방식을 조금씩 바꿔나가야 한다. 사고통제, 회피행동, 강박행동, 상쇄행동에 의존하는 것이 아니라 강박사고가 떠오르면 떠오르는 대로 놔두고 아무 반응도 하지 않는 것이다. 이렇게 새로운 강박사고 인지행동모델을 완벽하게 체득했다면, 드디어 강박장애가 망가뜨린 인생을 되찾을 준비가 된 것이다.

> "용기란 두려워도
>   맞서서 나아가는 것이다."

- 자신의 강박적 행동이 과하거나 터무니없거나 우스꽝스럽다는 생각이 들어도 예전에 효과가 있었기 때문에 혹은 이미 습관이 되어서 저항하기 어렵기 때문에 그냥 하게 된다. 결코 하고 싶어 하는 것이 아니다.

- 강박장애가 있는 사람들은 강박사고가 떠오르면 어떤 위험이나 부도덕성의 신호라고 받아들이는데 이런 해석은 무거운 불안감을 조성한다.

- 강박사고가 떠오르지 않도록 피해 다니다보면 그 생각이나 강박 행동, 상쇄행동, 회피행동과 관련된 모든 것에 예민해진다. 그 결과 강박사고가 더 자주 머릿속에 등장하고 전체 주기가 되풀이된다.

- 어떤 행동이 불쾌지수를 낮춰준다면 사람들은 그 행동을 반복하게 된다. 이것은 인간의 본성이다. 이런 행동은 반복할수록 점점 일상이 되어가고 결국 습관으로 자리 잡는다.

Chapter 6

변할 준비가
되셨습니까?

변화는 결코 쉽지 않다

강박사고는 혐오스럽다. 게다가 강박사고를 조절하기 위해 사용하는 강박행동, 상쇄행동, 회피행동, 사고통제 등의 전략은 오래 걸리기만 하고 효과가 그다지 없어서 실망스럽다. 그럼에도 불구하고 이 전략들이 매번은 아니더라도 정신적 고통을 덜어준다는 것은 자명한 사실이다.

강박사고-강박행동 주기를 벗어나면, 자신의 강박사고가 실현 불가능한 어이없는 생각이고 이 생각을 억제하려고 사용했던 방법들이 우스울 정도로 지나치게 소심한 과잉반응이었다고 느껴질 것이다. 하지만 강박사고-강박행동 주기 안에서는 이 전략들이 필수불가결한 것처럼 보인다. 자신이 사용한 강박사고 대처방법에 상반된 감정을 동시에 느끼는 것은 드문 일이 아니다. 강박사고 대처방법을 바꾸려고 할 때 반발심이 드는 것 역시 정상적인 반응이다.

사람들은 때때로 지금까지 써왔던 대처방법을 포기하지 못한다. 이는 전략을 바꾸면 강박장애 때문에 겪는 괴로움이 어느 정도 줄어든다는 것을 알고 있어도 마찬가지다. 6장에서는 강박장애를 극복하는 데 장애물이 되는 요인들을 꼽아보고 그 장애물을 뛰어넘을 수 있도록 준비할 것이다.

강박사고 공개하기

치료를 방해하는 가장 첫 번째 문제는 증상을 숨기는 것이다. 강박장애 환자들은 사람들의 반응이 두려워 자신이 이런 생각을 한다는 사실을 혼자만의 비밀로 유지하려는 경향이 있다. 하지만 잘못된 것을 바로잡으려면 자신의 문제를 최소한 한두 사람에게는 말해둬야 한다.

이 책에서 추천하는 훈련중에는 먼저 친구나 성직자 등 주변 사람들에게 강박적 생각의 기준으로 삼을만한 정보를 얻어야만 완수할 수 있다. 종교적인 강박사고 중에는 '신은 악하다.'와 같이 입 밖으로 내는 것이 죄악으로 느껴질 만큼 심한 내용도 있다.

만약 자신의 강박사고를 누구에게도 말하지 않는다면, 이 책에서 추천하는 치료법을 제대로 활용할 수 없을 것이다. 그런 생각이나 의심이 든다고 해도 전혀 큰일이 아니라는 사실을 믿어야 한다. 강박사고를 숨기는 한, 그 생각에 관한 중요한 정보를 얻을 수 없으므로 결과적으로 그런 생각을 하는 자기 자신에게 관대해질 수도 없다.

이 책의 몇몇 훈련을 수행하려면 당신의 강박사고를 다른 사람에게 공개해야 하는데, 될 수 있으면 당신의 상황을 이해해주고 강박장애에 대한 지식과 경험이 풍부한 사람을 선택하기를 권한다. 예컨대 성직자 중에는 보통 사람들보다 강박장애에 대한 지식과 경험이 더 많은 이들이 있다.

강박사고가 있다는 사실을 주변 사람 모두에게 알릴 필요는 없다. 적절하고 믿을만한 사람에게만 말하면 된다.

성공적인 치료의 장애물, 관념과장

성공적인 치료를 가로막는 또 하나의 장애물은 관념을 과장하는 것이다. 관념을 과장한다는 것은 자신의 강박사고를 스스로 평가하고 그 내용을 그대로 믿는다는 뜻이다. 예를 들면 '진짜로 폭력적이거나 불경하거나 비뚤어진 사람이 아니라면 절대로 그런 생각을 할 리가 없어.' 라는 식이다.

만약 '내가 동성인 사람을 보고 성적으로 흥분했나?' 와 같은 침투사고가 떠올랐는데 이 생각 자체만으로 불경한 죄라서 신이 나를 벌할 것이라는 확신이 든다면, 그런 생각을 하는 자신이 조금도 용납되지 않을 것이다. 이런 사람은 알고 지내는 성직자에게 상담을 해서 고의로 이런 생각을 떠올렸을 때 어떤 경우가 죄에 해당하는지 확인받는 것이 좋다. 가령 강박장애를 극복하기 위해서 이런 생각을 하는 경우는 죄가 되지 않는다는 식으로 말이다. 더불어 다음 훈련도 이런 관념과장을 극복하는 데 도움이 될 것이다.

집중훈련 6-1

관념과장 극복하기

연습장에 두 칸짜리 표를 그리자. 왼쪽 칸 맨 위에는 '예전 평가' 라고 적고 오른쪽 칸 맨 위에는 '조건문으로 표현한 평가' 라고 적는다.

이제 강박적 생각을 평가한 내용을 기록했던 〈집중훈련 4-2〉로 돌아가자. 왼쪽 칸에는 이 강박적 생각들 중에서 가장 중요하다고 판단되는 것

하나를 골라 적는다. 가장 스트레스를 많이 주는 생각을 고르면 된다. 오른쪽 칸에는 조건문으로 어투를 바꾸어 적는다. 예를 들면 다음과 같다.

예전 평가	조건문으로 표현한 평가
이런 생각을 하다니 난 냉혈한이야.	이런 생각을 하다니 난 냉혈한인지도 몰라.
이런 생각을 하다니 나는 소아성애자임이 틀림없어.	이런 생각을 하다니 나는 소아성애자인지도 몰라.
이런 끔찍한 생각을 하다니 나는 지옥에 떨어질 거야.	이런 끔찍한 생각을 하다니 나는 지옥에 떨어질지도 몰라.

여기까지 했으면 오른쪽 칸에 적은 평가 내용을 살펴보자. 토씨만 살짝 바꿨는데도 벌써 강박사고와 맞설 용기가 생기지 않는가? 평가 내용을 사실이 아니라 추측으로 받아들이면, 이 평가가 틀렸을지도 모른다는 이유나 상황을 더 쉽게 납득할 수 있다. 혼자서 이 훈련을 하기가 난감하다면 친한 성직자에게 조언을 구해도 좋다.

강박장애 치료에 관한 걱정

강박사고 은폐와 관념과장의 문제가 아니더라도 강박장애를 치료하는 데 다른 점이 걱정인 사람도 있다. 이 책을 읽고 있다는 것은 적어도 당신에게 강박장애를 치료할 의지가 있다는 뜻이다. 그러므로 당신은 강박장애 치료를 시작할 자세가 되어 있을 것이다.

강박장애 치료로 여러 가지를 희생해야 할 것이라는 걱정이 앞서는 것도 당연하다. 강박장애 환자들이 치료에 관해 느끼는 두려움을 조사한 최근 연구[12]에 따르면, 환자들이 다음과 같은 고민을 토로했다고 한다.

- 치료를 받아봤자 효과도 없고 희망도 없을 거야.

- 내가 낫게 되면 사람들은 내가 해내지 못할 것들을 나에게 기대할 거야.

- 애써 지웠던 기억들이 되살아날까 두려워.

- 치료를 받았다가 증상이 더 나빠질까 무서워.

- 내가 변하면 남편과 가족들이 나의 새로운 모습을 좋아하지 않을까 두려워.

어떤 걱정거리는 그렇게 단순하지 않다. 상태가 나아지면 왜 진작 치료를 받지 않았느냐고 가족들이 화를 낼까봐 두려워하는 사람도 있다. "지금 이렇게 할 수 있는데 왜 2년 전에 시작하지

130

않았니?"라는 핀잔을 듣기 싫은 것이다.

어떤 이들은 주위 사람들을 불편하게 하면서까지 엄격하게 지켜온 강박적 의식행위를 더이상 할 필요가 없게 되면 자신의 처지가 창피해질까봐 망설이기도 한다. 이런 측면에서 강박장애를 극복한다는 것은 강박행동, 상쇄행동, 회피행동이 불필요하다는 것을 자신과 다른 사람들이 인정하게 된다는 뜻이다.

한편 강박장애를 극복하고 나면 더이상 가족들이 예전처럼 관심을 가지고 격려해주지 않을까봐 불안해하는 경우도 있다. 또 지금 당장 괴로워하면서도 변화가 상황을 악화시킬지도 모른다는 걱정 때문에 차라리 강박장애를 방치하기도 한다.

집중훈련 6-2
강박장애 치료에 관한 걱정거리 찾아내기

연습장을 펼쳐서 강박장애를 치료받는 것에 대해 걱정되거나 두려운 점을 모두 적어보자. 기억하라. 병이 낫는 것이 내키지 않아도 전혀 이상한 것이 아니다. 걱정거리를 무시하기보다는 인정하고 이해하는 것이 당신 자신에게 훨씬 유익하다.

치료에 대한 두려움과 걱정거리 이해하기

다른 걱정거리들과 마찬가지로 강박장애 치료에 대한 두려움 역시 대체로 그 근거가 그다지 생각만큼 탄탄하지 않다. 보통 사람들은 무서워하는 대상에 대해서는 논리적으로 사고하지 못한다.

댄의 경우를 보자. 댄은 거미를 무서워한다. 거미가 자신의 귓속에 알을 낳을 것이라고 믿기 때문이다. 그러나 이 걱정을 주위에 솔직하게 털어놓고 거미가 실제로는 거미줄에 알을 낳으며 사람의 귓속은 거미줄을 칠 수 있는 환경이 아니라는 사실을 확인하고 나자, 확실히 이전보다 거미를 덜 무서워하게 되었다.

6장에서는 이렇듯 걱정거리를 충분히 생각했을 때 그 실체를 얼마나 현실적으로 파악하게 되는지를 알아볼 것이다.

사람들의 반응에 대한 두려움

강박장애가 사라지면 가족들이 '아니, 이렇게 쉬운 걸 왜 진작 해내지 못했지?' 라든가 '그동안 우리를 가지고 놀았던 거야!' 라고 생각할 수 있다. 그러면서 강박행동, 상쇄행동, 회피행동을 받아줬던 것을 억울해할 것이다.

132

하지만 가족들의 이런 반응이 남은 인생 동안의 가족관계에 얼마나 영향을 줄지 한번 생각해보자. 결국 당신을 사랑하고 아끼는 가족들은 당신이 인생을 되찾고 자신들도 평범한 삶으로 돌아갈 수 있게 되어서 행복해할 것이다.

설령 옛날 일에 섭섭한 감정이 남아 있다고 하더라도 당신이 당당하고 유연한 태도로 새 인생을 독립적으로 살아간다면 모두 유야무야될 것이다. 그렇지 않다면 강박장애와 무관한 다른 심각한 가족 문제가 더 있는 것이다. 하지만 만약 그렇더라도 이런 골칫거리에다가 강박장애까지 당신을 괴롭힐 일은 없을 테니 당신에게는 훨씬 더 나은 상황인 셈이다.

강박장애가 치료되면 사람들이 자신에게 더 많은 것을 기대할까봐 고민하는 경우도 있다. 물론 강박장애에서 회복되면 사람들이 당신에게 어떤 변화를 기대하는 것은 사실이다.

예를 들어 강박장애가 호전되어 직장을 다시 다니거나 학교에 다시 나가게 될 수 있다. 혹은 육아, 가사, 지역사회 봉사 등을 다시 맡을지도 모른다. 하지만 이런 책무를 다시 감당할 만큼 강박장애에서 벗어났다면, 자신감과 실력을 충분히 회복하고 여유 있게 집중할 수 있게 되었다는 의미임을 스스로 인지하는 것이 중요하다.

또 강박장애는 원래 회복 속도가 느리다는 점과 상태가 나아질수록 '자연스럽게' 그 사람의 활동 범위가 넓어진다는 점 역시 기억해야 한다. 그러므로 완전히 회복될 때쯤이면 다양한 역할을 훌륭하게 수행해내고, 사람들의 기대에 거뜬히 부응할 수 있게 될 것이다.

꼭 다른 사람들의 기대가 아니더라도 회복중인 당사자로서도 자신을 시험해보고 싶어질 것이다. 그런 식으로 새로운 잠재력을 최대한 자기 실력으로 만들 수 있다. 또한 당신이 최선을 다해 노력하는 모습을 본다면 누구든지 흐뭇해할 것이다.

치료 자체에 대한 두려움

이 책이 이끄는 대로 따라오기만 하면 강박장애를 극복하는 것은 누워서 떡 먹기다. 물론 이는 어디까지나 이 책에서 소개하는 훈련을 실제로 해보고 따로 시간을 내어 치료법이 제시하는 과제와 씨름하는 것이 일상화되었을 때의 이야기다.

만약 이 책이 별 효과가 없다면, 지금은 강박장애 치료를 시작하기에 좋은 시기가 아니거나 전문 치료사의 집중치료가 필요하기 때문일 것이다. 하지만 많은 강박장애 환자들이 자신이 치료가 먹히지 않는 소수에 속할까봐 근심하다가, 일단 해보고 강박장애에서 얼마 만큼 벗어났는지 깨닫고 나면 깜짝 놀라면서 기뻐한다.

이렇듯 직접 해보기 전에는 치료가 얼마나 효과적일지 아무도 모른다. 이 책을 정말 열심히 따라 했는데 별 소득이 없다면, 다른 치료법을 시도해볼 수 있다. 이를테면 박식한 전문 치료사의 도움을 받아도 좋다. 요점은 아무것도 하지 않는 것보다는 일단 어떤 치료법을 시도해보고 그 치료의 효과를 보거나(이것이 제일 좋겠지만), 이 방법은 나에게 맞지 않는다는 사실을 확인하고 다른 치료법을 다시 시도하는 것이 낫다는 것이다.

그런데 이런 치료 자체에 겁을 내는 사람들이 종종 있다. 끔찍하게 싫어서 요리조리 철저하게 피해오던 위험을 대면해야 하기 때문이다. 하지만 이런 위험은 감당할만하며, 건강하고 행복한 정상인들이 매일 수차례 직면하는 그런 위험과 비교해봐도 덜하면 덜했지 절대로 더 위협적이진 않다.

게다가 당신이 어떤 도전과제를 제시받았다면 당신은 이미 준비가 된 것이다. 당신이 감당할 수 있는 상태인지 아닌지 지금 당장 판단하려고 하지 말길 바란다.

마지막으로 치료가 강박장애를 악화시키지는 않는다는 사실을 알아야 한다. 노출훈련을 하는 동안 심적 고통과 강박행동을 하고 싶은 충동이 커지겠지만, 괴로운 마음은 훈련을 거듭하면서 사그라진다.

필자들은 노출훈련을 이보전진을 위한 일보후퇴라고 본다. 노출훈련을 하면서 겪는 정신적 고통을 모두 합친다고 하더라도 강박장애를 방치했을 경우 나중에 겪게 될 고통에 비하면 새 발의 피에 불과하다.

강박장애의 폐해가 치료에 대한 두려움보다 클까?

지금까지는 강박장애 치료를 망설이는 이유를 짚어보고, 할 수 있는 한 그런 걱정을 조금 덜어냈다. 그렇다면 이제는 이런 걱정거리를 강박장애의 폐해와 비교할 차례다. 강박장애의 폐해가 더 심각할까, 아니면 아직 현실화되지도 않은 강박장애 치료의 부작용이 더 클까?

집중훈련 6-3

강박장애가 무엇을 앗아갔는가?

강박장애 때문에 희생해야 했던 것들을 연습장에 모두 적어보자. 강박장애가 당신의 삶 곳곳에 미친 영향을 생각해보자.

- **직장생활**

 생산성, 근무의 질, 집중도, 승진 가능성, 더 좋은 회사나 더 높은 연봉, 동료들과의 관계, 상사와의 관계

- **배우자와의 관계**(해당되는 경우)

 배우자의 일상생활과 행복, 다정하고 듬직한 배우자 역할을 하는 것, 배우자와 함께 즐거운 시간을 보내는 것, 배우자를 정서적으로 응원하는 것, 전반적인 배우자와의 관계

- **부모로서의 역할**(해당되는 경우)

 자녀를 정서적으로 응원하는 것, 자녀의 바람직한 본보기가 되는 것, 자녀와 함께 즐거운 시간을 보내는 것, 전반적인 자녀와의 관계

- **사회적인 역할**

 친구들과 어울리는 것, 친구들을 정서적으로 응원하는 것, 친구들과 즐거운 시간을 보내는 것, 전반적인 친구들과의 관계

- **개인적인 성장**

 한 인간으로서 성장하는 것, 취미와 관심사를 즐기는 것, 지역사회나 종교단체에서 활동하는 것

강박장애의 폐해와 강박장애 치료 저울질하기

조금 전까지 연습장에 적어내려간 항목들은 당신이 현재 처해 있는 실제 상황이다. 반면에 강박장애 치료에 관한 걱정은 실현 될 수도 있고 그렇지 않을 수도 있다. 설사 그런 일이 현실화되 더라도 오래 지속되지는 않는다. 배우자가 화를 내다가도 시간 이 지나면 누그러지는 것처럼 말이다. 그러니 이제 결정을 해야 한다.

강박장애의 폐해와 비교했을 때 강박장애 치료로 얻는 것이 확실히 더 많은가? 대답이 "아니오."라면 지금은 어떤 변화를 시 도하기에 적절한 시점이 아닌 것 같으니, 조금 더 기다리는 것이 좋겠다. 하지만 대답이 "예."라면 7장으로 넘어가자.

"용기란 두려워도
맞서서 나아가는 것이다."

- 치료를 방해하는 가장 첫 번째 문제는 증상을 숨기는 것이다. 하지만 잘못된 것을 바로잡으려면 자신의 문제를 최소한 한두 사람에게는 말해야 한다.

- 강박사고가 있다는 사실을 주변 사람 모두에게 알릴 필요는 없다. 적절하고 믿을 만한 사람만 고르면 된다.

- 성공적 치료를 가로막는 또 하나의 장애물은 관념을 과장하는 것이다. 관념을 과장한다는 것은 자신의 강박사고를 스스로 평가하고 그 내용을 그대로 믿는다는 뜻이다.

- 아무것도 하지 않는 것보다는 일단 어떤 치료법을 시도해보고 그 치료의 효과를 보거나, 이 방법은 나에게 맞지 않는다는 사실을 확인하고 다른 치료법을 다시 시도하는 것이 낫다

- 치료가 강박장애를 악화시키지는 않는다는 사실을 알아야 한다.

사고를 통제할 수 있다는 생각의 역설

보통 사람들은 생각을 잘 통제할까? • 집중력과 강박적 생각 • 의식적으로 생각을 억제하려는 노력 • 생각을 완벽히 억제하기란 불가능하다 • 왜 역설적일까? • 사고를 통제하는 데 영향을 미치는 인자들 • 사고를 통제하는 데 실패한다면? • 강박사고를 다스리는 잘못된 방법들 • 역설을 깨뜨리자

보통 사람들은 생각을 잘 통제할까?

인생에서 만족과 성취, 안전을 확보하려면 자기 자신을 제어할
줄 알아야 한다. 사람이라면 누구나 갖가지 인생사, 일상생활,
일과 여가활동의 결정권을 본인이 쥐고 싶어한다. 인간관계도
어느 정도까지는 본인이 주도하고 싶은 것이 보통 사람의 심리
다. 행동, 감정, 생각, 신체적 감각 역시 스스로 통제하고자 한
다. 이것이 바로 일상성과 예측성이 중요한 까닭이다.

　이는 통제력을 유지하는 데 아주 중요한 요소다. 사람은 통제
력을 상실하면 불안하고 초조해진다.

　예를 들어 불쑥 눈물이 터진다거나, 심한 말을 뱉어놓고 나중
에 기억을 못하거나, 예고 없이 갑자기 흉통이 느껴지는 등 감정

이나 행동, 몸 상태를 조절하지 못해도 마음이 불편해질 것이다. 같은 맥락에서 원치 않는 침투사고 혹은 강박사고가 머릿속에 떠오를 때 심란해지는 데는 정신을 통제하지 못한다는 상실감도 한몫을 한다.

대니는 독실한 기독교 신자인 유부남이다. 하지만 회사 사람과 성관계를 맺는 강박적 생각과 장면이 자꾸 떠올라 몹시 괴롭다. 이런 생각을 하는 자신을 죄인이라고 생각한다. 그래서 불쾌한 성적인 생각이 들지 않게 하려고 여러 가지 방법을 시도해봤다.

특정 장소와 사람을 피해보기도 하고 그런 생각이 나면 기도문을 외워 생각을 덮으려고도 했다. 이런 생각이 떠오른다는 사실을 조만간 아내에게 고백하고 용서를 구해서 다 잘될 것이라는 확신을 얻고 싶다. 원치 않는 성적 침투사고를 제어해보려고 하루하루 고군분투한 지 벌써 몇 년째다.

대니는 자신이 정신적으로 유약한 것이 틀림없다고 믿고 있다. 다른 강박장애 환자들처럼 대니도 '정상적인' 사람들은 의지와 상관없이 떠오르는 생각과 충동을 자신보다 훨씬 더 잘 조절한다고 생각한다. 어쨌든 대부분의 사람들은 짜증나는 생각이나 장면, 충동이 매일 반복되는 고통 없이 살고 있지 않은가.

그런데 여기서 보통 사람들은 생각을 잘 통제한다는 것이 과연 맞는 이야기일까? 대다수 강박장애 환자들은 다른 사람들이 원치 않게 떠오르는 생각을 자신보다 훨씬 더 잘 억제한다고 생각한다.

7장에서는 사고통제와 사고과정에 대한 소문과 진실을 알아볼 것이다.

집중력과 강박적 생각

사람들은 잠자는 시간을 빼고 하루에 16시간 동안 4천여 가지 생각을 한다. 인간은 이런 과중한 정신활동을 어떻게 감당해내는 것일까? 정답은 집중력에 있다. 모든 사람에게는 어떤 정보에 주목해야 하고 어떤 정보를 무시해야 하는지를 걸러주는 집중력 필터가 있다. 머릿속에 있는 내부정보와 주변환경에서 접하는 외부정보가 모두 이 필터를 통해 걸러진다.

가령 당신의 차가 철로에 갇혀 있는데 기차가 빠른 속도로 돌진하고 있다면, 안전벨트를 풀고 즉시 문을 열어 도망치는 것과 같은 생존에 관련된 정보에 매우 집중할 것이다. 라디오에서 흘러나오는 음악처럼 생존과 무관한 정보에는 신경 쓰지 않을 것이 분명하다. 이런 집중력 필터가 없다면 과연 인간이 한 생물

종으로서 이렇게 번성할 수 있었을까?

사람들은 목표나 동기와 관련된 생각에 집중한다. 목표와 동기를 고취하는 생각뿐만 아니라 목표와 동기를 위협하는 생각도 마찬가지다. 쉬지 않고 샘솟는 엄청난 양의 생각들을 바로 이런 식으로 관리한다. 하찮은 생각은 무시하고 중요한 생각에 집중하는 것이다.

다시 한 번 정리하면 강박적 생각이란 어떤 식으로든 눈앞의 목표를 위협하고 정신적으로 고통을 주는 생각을 말한다. 그렇기 때문에 일단 강박적 생각이 들면 열 일 제치고 온 신경을 집중할 수밖에 없으며 이를 무시하기란 거의 불가능하다.

실제로 많은 사람들에게 있어 강박사고를 무시하는 것은 자신의 차를 향해 돌진하는 기차에 집중하지 않는 것과 같다. 즉 강박사고에 주목하지 않는 것이 매우 위험하고 멍청한 짓이라고 여기는 것이다.

이런 면에서 강박적 생각에 너무 집중하는 것 또한 강박사고가 계속되는 이유 중 하나로 볼 수 있다. 그렇기 때문에 이 책에서는 강박사고를 주목할 가치가 없는 사소한 생각으로 인지하도록 돕고자 한다.

의식적으로 생각을 억제하려는 노력

집중 우선순위가 강박사고가 지속되는 것을 좌우하는 중요한 인자임은 분명하다. 하지만 사람들이 강박사고를 통제하려고 너무 열심히 노력한다는 점 또한 강박사고가 지속되는 데 크게 기여를 한다. 이것을 사고통제의 역설이라고 한다. 생각을 통제하려고 애쓰면 애쓸수록 생각을 통제하는 것이 더욱 더 어려워지는 것이다.

집중훈련 7-1

백곰 검사

하버드대학교의 대니얼 웨그너(Daniel Wegner) 박사가 '백곰 실험'을 고안해서 이 검사로 원치 않게 떠오르는 생각을 얼마나 통제할 수 있는지를 평가했다.[13] 이것을 마크 프리스턴 박사가 강박장애 환자에게 맞게 고쳐서 내놓은 것이 백곰 검사다.[14]
우선 사고통제력에 관한 연구 결과를 참고하기에 앞서 자신의 능력을 자가 테스트해보자.

1. 방해받지 않고 편안히 앉아 있을 수 있는 조용한 공간을 찾는다. 연습장, 펜, 타이머 기능이 있는 시계를 지참한다.

2. 준비물을 다 갖췄으면 실험을 시작할 수 있다. 눈을 감고 백곰에 대해 2분 동안 생각하자.

3. 2분이 지나면 알람이 울리도록 시계 타이머를 맞춘다.

4. 모든 정신력을 백곰 생각에 모아야 한다. 다른 생각이 날 때마다 연습장에 표시하고 다시 백곰에 집중한다.

5. 2분이 지나면 실험을 끝내고 표시한 개수를 센다. 자, 어떤가? 몇 번이나 정신이 흐트러졌는가?

대부분의 사람들은 고작 몇 분간 하나의 생각에 계속 집중하는 것이 얼마나 어려운지 깨닫고 새삼 놀란다. 아무리 정신력이 강하고 결단력이 있어도 한 가지 주제에 집중력을 유지할 수 있는 사람은 몇 안 된다. 이쯤에서 사고과정이 어떻게 돌아가는지 가늠할 수 있는 훈련을 하나 더 해보자.

1. 몇 분 동안 편안하게 쉰다. 다만 연습장, 펜, 시계는 곁에 둔다.

2. 이제 눈을 감고 2분 동안 백곰을 생각하지 않으려고 노력하자.

3. 백곰 모습이 떠오를 때마다 연습장에 표시한다.

4. 백곰이 머릿속에 등장하면 연습장에 표시한 다음 바로 최선을 다해서 백곰 생각을 억제한다.

5. 2분이 지나면 생각을 억제하는 훈련을 끝내고 연습장에 표시한 개수를 센다.

6. 자, 어떤가? 백곰 생각을 억제하는 것이 얼마나 힘들었는가?

7. 나중에 참고할 수 있도록 이 실험을 마치자마자 소감을 연습장에 적어
   보자. 예상보다 생각을 잘 억제하지 못했는가? 생각을 통제하는 것이
   얼마나 힘들었는가? 이 사고통제 실험을 통해 무엇을 깨달았는가?

생각을 완벽히 억제하기란 불가능하다

생각을 의식적으로 통제하거나 억제하려고 노력할 때의 효과를
조사하는 연구는 활발히 진행되어왔다. 조사 대상에는 강박장애
처럼 불안과 기분장애로 고생하는 사람들뿐만 아니라 심리적인
문제가 없는 사람들도 포함되었다. 이 중 몇몇 연구에 따르면 생
각을 억제했을 때 일시적으로는 어느 정도 성공하지만 긴장을
풀었을 때 오히려 그 생각이 더 자주 떠오른다고 한다. 그런가
하면 생각을 억제하려고 하는 즉시 그 생각이 떠오르는 횟수가
증가한다는 연구 결과도 있다.

생각을 억제하려고 하면 그 생각이 떠오르는 횟수가 정확히
어떻게 달라지는지는 심리학자들 사이에서 아직 논란의 대상이
지만, 사고통제에 관한 수십 건의 연구에 근거할 때 한 가지는
분명하다. 바로 불쾌한 생각·영상·충동을 단지 몇 분이라도
완벽하게 억제하기는 거의 불가능하다는 것이다.

백곰과 같은 우스운 생각도 머릿속에서 지우기가 그렇게 어려운데, 엄청나게 중요하거나 대참사를 몰고 올 무언가를 잊는 것은 얼마나 힘들겠는가. 백곰 생각이 떠오를 때마다 벌금을 10만 원씩 내야 한다면 어떻게 될지 상상해보자. 20분 혹은 2시간 내내 백곰 생각을 억누르는 데 집중한다면?

사람들은 사고를 통제하기 위해 안간힘을 쓰지만, 강박사고는 끊임없이 다시 고개를 든다. 즉 강박사고는 억제하려고 애쓸수록 더 빨리 되살아난다.

왜 역설적일까?

웨그너 박사는 생각을 억제하려고 의식적으로 노력하면 노력을 멈춘 후 그 생각이 떠오르는 횟수가 오히려 증가한다고 보고했다.[15] 앞서 실시한 사고통제 실험의 결과를 설명하면서, 백곰 생각을 억제했던 대학생들이 나중에는 점점 더 백곰 생각에 비정상적으로 몰두했다고 지적했다.[16]

즉 생각을 통제하려는 행위 그 자체가 정반대의 부작용을 초래한 셈이다. 불쾌한 생각을 억지로 억누르면 그 생각에 더 집착하게 되는 것이다.

사고통제의 이 역설적인 효과를 설명한 웨그너 박사의 이론은 흥미롭다.[17] 웨그너 박사는 사고를 통제하는 데 성공하려면 먼저 억눌러야 할 생각이 무엇인지 조사하고, 그 생각이 고개를 들 때 시선을 돌릴만한 다른 생각을 정해두는 사전작업이 필요하다고 제시한다. 예를 들어 원치 않는데도 야한 상상이 자꾸 떠오른다고 가정해보자. 이 경우 야한 상상이 시작될 것이라는 신호가 나타나는지 머릿속으로 계속 주시하게 된다. 그러면서 동시에 야한 상상에서 주의를 분산시키려고 의도적으로 다른 생각을 하게 되는 것이다.

사고를 통제하는 데 영향을 미치는 인자들

시선을 돌릴 대상을 찾는 일은 정신적 소모가 심하다. 게다가 집중할 다른 일이 있을 때는 더더욱 제대로 찾을 수 없다. 하지만 분산거리를 찾았든 찾지 못했든 간에 사람의 무의식은 요주의 생각이 고개를 드는지 끊임없이 경계한다. 그러다보면 싫은 생각을 밀어내려고 찾아낸 좋은 생각들이 싫은 생각과 얽히게 되어 오히려 촉진작용을 하게 되어버린다.

백곰 검사를 예로 들어보자. 백곰 생각을 억제하려고 파랑새를 떠올리면 일시적으로는 성공할지 몰라도 결국 파랑새에 대한 생각이 백곰 생각으로 이어지고 만다.

웨그너 박사는 두 사고과정이 동시에 효율적으로 이루어져야만 사고통제가 성공할 수 있다고 지적했다.[18] 이것은 머릿속이 복잡하지 않을 때만 할 수 있는 일이다. 복잡한 업무에 집중한다거나 시간에 쫓겨 스트레스를 받는 등 두뇌 활동이 한계에 다다랐을 때는 원치 않는 생각을 물리치기가 평소보다 훨씬 더 힘들다.

또 우울하거나 기분이 나쁠 때에도 부정적인 생각을 억제하기가 어려워진다. 이런 감정상태에서는 주의를 돌릴 다른 생각을 찾는 과정에서 또 다른 부정적인 생각이 등장하기 쉽다. 그것은 이런 부정적인 생각들이 애써 지우려던 생각을 순식간에 상기시키기 때문이다.

그러다가 사고를 통제하려는 노력이 실패하면, 기분은 더 가라앉고 사고를 통제하는 것이 점점 더 어려워진다. 결국 잠시 잠깐은 생각이 조절될지 몰라도 여러 시간 내내 생각을 조절하는 능력은 형편없어진다. 생각을 통제하고 평범하게 생활하려면 쉬지 않고 꾸준히 노력해야 하는데 그것은 불가능하다.

요약하면 다음 상황에서는 사고를 통제하는 것이 더 힘들다.

• 그 생각을 하지 않으려고 애쓴 지 오래되었다.

152

- 불안하거나 우울하다.

- 생각을 억제하는 것 말고도 처리할 일이 많다.

사고통제를 가로막는 최대의 방해물은 압박감, 괴로운 마음, 그리고 바쁜 생활이다. 불행히도 강박장애 환자들이 바로 이런 심리상태에서 하루하루를 살아간다. 강박장애 환자들은 보통 사고통제가 실패할 확률이 가장 높을 때도 강박사고를 억누르려고 한다.

사고를 통제하는 데 실패한다면?

짜증나고 귀찮은 생각을 몰아내려는 노력이 수포로 돌아간 경험은 누구에게나 있을 것이다. 그런데 이런 실패를 반복하면 어떤 일이 생길까? 우선 더 괴롭고, 무섭고, 우울해진다.

한 연구에서는 강박장애 환자들에게 가만히 앉아서 가장 신경 쓰이는 강박사고를 주시하도록 했다. 이들은 그 생각을 억제하려고 무던히 애썼지만 어느 한 사람도 머릿속에서 완벽하게 몰아내지 못했다.

이처럼 강박사고를 완벽하게 통제하지 못했을 때는 강박사고에 대한 부정적인 평가가 많아졌다. 세차게 밀어낼수록 자꾸 생각나고, 결국 그 생각이 중요하거나 심각하거나 위험하다고 믿게 되어 강박사고에 압도당한 것이다. 게다가 힘들게 참는 동안 더 자주 생각이 나서 기분도 더 나빠졌다.[19]

요컨대 원치 않게 떠오르는 생각을 통제하지 못하면 이는 부정적인 평가로 이어지고 강박적인 생각을 부추기는 꼴이 되는 것이다. 학계에서 이 점을 공식적으로 주목하기 시작한 것은 최근에 불과하다.[20] 하지만 한 가지는 분명하다. 사고통제에 실패하는 것이 두려워서 강박사고를 억제하는 데 힘을 더 쓸수록 성공 확률만 낮추는 악순환이 계속된다는 것이다.

키란은 아빠나 남자친구가 자기 옆에 없으면 크게 다칠 거라는 생각이 자꾸 든다. 이 생각은 점점 부풀어올라서 아빠와 남자친구에게 쉬지 않고 확인하고, 습관처럼 상쇄행동을 거듭하는 지경에까지 이르렀다. 키란에게는 이 강박사고를 억제하지 못하는 것이 아주 심각한 일이다. 이 생각이 떠오르면 떠오를수록 소중한 사람들이 다칠 가능성이 높아진다고 믿기 때문이다. 이 생각을 조절하지 못하면 결국 자기 자신도 불안과 죄책감으로 무너져버릴 것 같다. 키란으로서는 이 강박사고를 통제하는 일에 사활을 건 셈이다.

강박사고를 다스리는 잘못된 방법들

사람들은 다양한 전략을 써서 강박사고를 다스린다.[21] 다른 생각이나 행동으로 주의를 돌릴 수도 있고 자기합리화를 하기도 하며 스스로 재확인하거나 타인에게 확인을 받기도 한다. 강박사고 대신 긍정적인 생각을 떠올리기도 하고, "그만!"이라고 말하거나, 긴장을 풀거나, 반성하거나, 자신을 벌하거나, 생각을 분석해보기도 한다. 강박행동으로 표출하는 사람도 있다. 이 중에서 자주 사용할수록 도리어 강박사고가 되살아나 정신적인 고통만 심해지는 전략들이 있다.

• 자신을 벌하는 것(그런 생각이 떠오르는 것을 자기 탓으로 돌린다)

• 강박사고가 떠오르면 "그만!"이라고 말하는 것

• 의식적으로 강박행동이나 상쇄행동을 하는 것

• 그런 생각을 한다고 걱정하는 것

연구에 따르면 강박장애 환자들은 이런 잘못된 전략들을 더

잘 사용한다고 한다. 퍼든, 로와, 앤터니는 강박장애 환자들이
"그만!"이라고 말하는 것을 사고통제 방법으로 가장 애용하고,
대부분의 경우 생각을 억누른 뒤에 상쇄행동이나 강박행동을 한
다고 분석했다.

역설을 깨뜨리자

독자들이 이 책을 읽는 이유는 명백하다. 지겹게 반복되는 강박
사고로 인한 고통을 그만 겪고 싶은 것이다. 즉 강박사고를 뿌리
뽑고 싶은 마음일 텐데, 이때 일부러 밀어내면 오히려 상황만 악
화된다는 점을 알아야 한다.

그렇다면 어떻게 해야 강박적 생각을 없앨 수 있을까? 강박사
고를 극복할 열쇠는 바로 반드시 제거해야 한다는 고정관념을
버리는 것이다. 다시 말해 강박사고가 생각보다 나쁘지 않다는
사실을 이해하는 것이 그 시작이다. 그 방법은 세 가지가 있다.

첫째, 무시해야 한다. 강박사고가 있는 사람과 강박사고가 없
는 사람을 구분하는 가장 중요한 차이점은 무엇일까? 그것은 바
로 강박사고가 없는 사람은 이를 무시하고, 강박사고가 있는 사
람은 이를 무시하지 못한다는 것이다.

이들은 불쾌한 침투사고에 더 신경 쓰고, 그 생각을 중요시하고, 끔찍한 일이 벌어지지 않도록 예방하려면 생각을 통제해야 한다고 굳게 믿는다. 그러므로 강박사고의 위험성을 더 공정한 시각으로 보는 훈련을 한다면 생각이 떠오르는 횟수와 지속 시간이 줄어들 것이다. 8장과 9장에 수록된 훈련들을 따라 하면 이렇게 강박사고를 무시하는 요령을 익힐 수 있다.

둘째, 그대로 부딪혀야 한다. 강박사고 통제력을 손에 쥐는 가장 효과적인 방법은 일부러 그대로 부딪히는 것이다. 이 내용은 10장에서 더 자세히 설명할 테니, 일단 이것만 알아두자. 강박사고가 떠오르는 대로 내버려두면 그 생각이 덜 중요해지고 덜 무서워진다.

셋째, 스트레스를 줄여야 한다. 우울하거나, 불안하거나, 스트레스가 심하거나, 정신없이 바쁠 때는 떠오르는 불쾌한 생각을 조절하기가 더 힘들다. 11장에서 스트레스 관리 비법을 알려줄 것이다.

"용기란 두려워도
맞서서 나아가는 것이다."

- 원치 않는 침투사고 혹은 강박사고가 머릿속에 떠오를 때 심란 해지는 데는 정신을 통제하지 못한다는 상실감도 한몫을 한다.

- 생각을 통제하려고 애쓰면 애쓸수록 생각을 통제하는 것이 더 어려워진다.

- 불쾌한 생각, 영상, 충동을 단지 몇 분이라도 완벽하게 억제하기 는 거의 불가능하다. 불쾌한 생각을 억지로 억누르면 그 생각에 더 집착하게 된다.

- 강박사고를 극복할 열쇠는 바로 반드시 제어해야 한다는 고정관 념을 버리는 것이다. 다시 말해 강박사고가 생각보다 나쁘지 않 다는 사실을 이해하는 것이 시작이다.

- 강박사고가 있는 사람과 그렇지 않은 사람의 가장 중요한 차이 점은 바로 강박사고를 무시할 수 있느냐, 없느냐다.

Chapter 8

폭력이나 성에 관한
강박사고 극복하기

폭력적 강박사고와 성적 강박사고

폭력과 성에 관한 강박사고는 다른 종류의 강박사고와는 달리
당사자를 겁먹게 만든다. 가령 위생이나 세균, 먼지에 강박관념
이 있는 사람들은 이것이 지나친 걱정이라고 생각할지는 몰라도
걱정을 한다는 사실에 겁을 내지는 않는다. 반면에 소중한 이를
해치거나 무고한 사람들을 성적으로 착취하는 상상이 들면 사람
들은 자신이 그런 마음을 품었다는 사실에 몹시 놀란다. 이는 폭
력과 성에 관한 강박사고가 다른 강박사고들보다 훨씬 더 당사
자의 도덕적 가치와 성격에 어긋나기 때문이다.

　이런 강박관념을 극복하는 비결은 바로 그 생각을 있는 그대
로 수용하는 것이다. 이런 생각은 누구나 할 수 있으며 이런 생

각이 든다고 해서 자신이 반드시 살인자나 소아성애자인 것은 아니라고 인정하면 된다.

여기서 인정한다는 것은 그런 생각을 좋아하거나 용납한다는 의미가 아니다. 그저 다른 사람들도 흔하게 겪는 현상이라고 여기는 것이다.

8장에서는 혐오성 강박사고의 의미를 약화시키는 훈련 몇 가지를 소개하려고 한다. 이 훈련들 중 한 가지는 관찰 기간이 일주일 정도 필요하며 나머지 훈련들은 금방 할 수 있다. 따라서 이 단원을 독파하는 데 2주를 잡으면 된다.

당신의 평가유형은?

4장에서 어떤 강박사고 평가유형이 정신적 고통을 심화시키는지 확실히 배웠을 것이다. 여기서 잠깐만 〈집중훈련 4-2〉로 돌아가서 당신이 강박적 생각을 어떻게 평가했는지 확인해보도록 하자.

당신의 평가유형은 틀림없이 3장에서 설명한 책임과장, 위협과대평가, 사고-행동 융합, 사고통제, 불확실성 불인정, 완벽주의 범주 중 하나에 속할 것이다. 폭력과 성에 관한 강박사고는 대개 이 유형들 중 책임과장이나 사고-행동 융합, 사고통제를 유발한다.

8장에서는 바로 이 평가유형들을 집중적으로 다룰 것이다. 어떤 평가가 오판인지 분별하고 강박사고의 진짜 의미를 정확하게 해석하는 데 도움이 되었으면 한다.

대표적인 평가유형, 사고-행동 융합

〈집중훈련 4-1〉에서 리처드는 자신이 소아성애자가 아니라고 확신했다. 리처드는 눈곱만큼도 어린이와 성적으로 얽히고 싶지 않았고 그런 환상도 없으며 부부 사이도 좋았기 때문이다. 게다가 어린이와 뒹군다고 상상하는 것만으로도 토할 것 같았고, 어떤 식으로든 아이들을 해치는 장면을 떠올릴 때면 온 신경이 바짝 곤두섰다.

상담을 했던 전문가들은 리처드가 소아성애자가 아니라고 확언했다. 하지만 리처드는 이런 생각이 드는 게 사실은 자신이 소아성애자여서가 아닐까 하고 두려워했다. 아직 깨닫지 못해서 행동으로 옮기지 않았을 뿐이라고 말이다.

리처드는 전문가들이 이 점은 발견하지 못한 것이 분명하다고 생각했다. 이런 상상이 계속될수록 자신이 언젠가는 고삐가 풀려서 나쁜 놈으로 돌변할 것만 같았다. 〈집중훈련 4-2〉의 대프니처럼 리처드도 그런 생각을 했다는 사실 자체만으로 실제 행동하는 것만큼 부도덕하다고 여겼다.

대프니는 행인을 발로 차거나 다리를 걸어 넘어뜨리고 싶은 충동에 사로잡혔다. 특히 노인이나 아기를 안은 여자, 목발 혹은 지팡이를 짚고 걸어가는 사람 등 약자에게 더 끌렸다. 대프니는 친구들과 가족에게 늘 점잖고 상냥한 사람이었고, 사람이나 동물에게 못되게 군 적은 태어나서 지금까지 단 한 번도 없었다. 그래서 이런 상상이 더욱 역겨웠다. 게다가 간호사를 꿈꾸면서부터는 특히 증상이 더 심해졌다.

대프니는 이런 상상을 하는 것이 진짜로 사람들을 발로 차고 넘어뜨리는 것만큼이나 도덕적으로 나쁜 짓 같았다. 이것이 자신의 숨겨진 본모습이 아닐까 하는 의심도 들었다. 이런 충동이 사라지지 않으면, 언젠가는 이성을 잃고 그대로 행동으로 옮길지도 모른다고 말이다. 어쩌면 이 모든 것이 자신이 미래에 사람들을 다치게 할 것이라는 징조가 아닐까 하는 걱정도 들었다. 만약 그렇다면 사회복지 분야에 취직하는 것을 포기해야만 할 터였다.

166

：공정한 시각 키우기

강박적 충동으로 힘들어하는 사람이라면 지금부터 집중하기 바란다. 그런 충동이 없다면 먼 나라 이야기처럼 들릴 수도 있다. 우선 행동은 그 행동을 생각하는 것에서부터 시작된다는 말은 맞다. 하지만 어떤 생각이 반드시 행동으로 이어진다는 말은 틀렸다.

지난 며칠 동안 있었던 일들을 생각해보자. 어떤 것을 생각만 하고 실천하지는 않은 적이 여러 번 있을 것이다. 가령 책상 앞에 앉아서 커피머신 옆에 있는 도넛 상자를 흘끔거리면서 하나 먹어볼까 생각하다가 접었을 수도 있고, 퇴근길에 영화나 한 편 볼까 하다가 그냥 집에 왔을 수도 있다. 저돌적인 영업사원과 붙어볼까 망설이다가 발길을 돌렸을지도 모른다.

이렇듯 찾아보면 예로 들만한 것이 수두룩하다. 요는 생각과 행동 사이가 직통으로 이어져 있지 않다는 것이다. 중간에 수많은 변수가 작용해 생각이 행동으로 표출되기도 하고 그저 생각만으로 그치기도 한다.

생각은 불쑥 떠오르는 경우가 많지만 그다음 단계에서는 의식적으로 생각을 행동으로 옮겼을 때의 장단점을 따져보게 된다. 앞에서 언급한 사례에서 갑자기 도넛을 먹어볼까 하는 생각이 났다면 도넛의 칼로리와 콜레스테롤을 따져본 후에 먹지 않기로 결정했을 수 있다. 또 퇴근길에 영화를 보기에는 너무 피곤하다고 판단했을 것이고, 저돌적인 영업사원과 부딪혔을 때도 굳이 한 판 붙어서 소란을 피울 가치가 없다는 생각이 들어 그렇게 결정했을 수 있다.

그런가 하면 충동적으로 행동하고 나중에 후회하는 사람들도 있다. 이런 사람들은 앞뒤를 따져보지 않고 일단 주먹부터 나간다. 물론 이런 행동은 잠깐이나마 즐거움과 쾌감을 선사한다. 쇼핑을 하거나 도박을 할 때나, 화난 상대에게 고함을 칠 때처럼 말이다. 그런 행동이 초래한 여파 때문에 나중에는 후회할지 몰라도, 당장 그 순간만큼은 상상하는 것만으로도 짜릿함이 느껴질 것이다.

그렇다면 강박적 충동은 어떨까? 그런 행동이 조금이라도 즐거울까? 즐겁지 않다면, 굳이 그런 행동을 하려고 좋아하는 일을 마다할 필요가 있을까? 더군다나 자신의 도덕적 가치에 반하면서까지 말이다. 이럴 경우 강박사고를 행동으로 옮길 이유가 전혀 없을 것이다.

이쯤 해서 강박사고가 조금이라도 즐거워지면 어쩌나 하는 걱정이 들지도 모른다. 그럴 수 있다. 하지만 가능성은 매우 희박하다. 다 자란 어른이라면 대체로 세월이 흘러도 인격과 도덕적 가치가 크게 변하지 않기 때문이다. 말 그대로 정체성이 극적으

168

로 돌변하지 않는 한 폭력과 수탈을 혐오하는 사람이 그런 일에 가담하는 일은 벌어지지 않는다.

한편 과거에 행동을 자제하지 못했던 경험을 회상하면서 자신이 언제 어디서든 통제력을 잃을 수 있다고 근심하는 경우도 있다. 이런 사람이라면 누구나 행동을 조절하지 못할 때가 있지만 대체로 잘 참아낸다는 사실을 명심해야 한다.

예를 한번 들어보자. 사랑이 넘치는 엄마조차도 이성을 잃으면 아이에게 불필요하게 심한 말을 쏟아낼 때가 있다. 하지만 아무리 화가 나도 아이에게 손을 대지는 않는다. 또 아무리 신중한 운전자라도 다른 차가 갑자기 끼어들면 분노의 표현으로 삿대질을 한다. 하지만 아무리 화가 나도 차에서 내려서 그 운전자와 몸싸움을 하지는 않는다.

두 경우 모두 자신이 그때 너무 흥분했다고 말할 것이다. 평소라면 절대 하지 않을 행동을 했으니 자신도 어색한 것이 당연하다. 하지만 이렇게 통제력을 잃은 상태에서도 행동반경이 각자의 도덕적 가치에서 크게 벗어나지는 않는다.

여기서 다시 한 번 짚고 넘어갈 것은 불쾌해하면서도 폭력적이거나 성적인 범법 행위를 상상해본 적 있는 사람들이 꽤 많다는 사실이다. 만약 이런 상상이 모두 행동으로 이어졌다면, 감옥은 이미 강박장애 환자들로 넘쳐났을 것이다. 다음 훈련은 강박적 생각이 행동으로 이어질 가능성이 얼마나 되는지 정확하게 객관적으로 판단하는 관점을 키우기 위한 것이다.

집중훈련 8-1
행동을 통제하려고 애쓰지 않기

별로 내키지 않지만 쉽게 할 수 있는 행동을 생각해보자. 예컨대 이런 것들 말이다.

- 상점에서 크게 소리 지르기

- 버스 정류장이나 엘리베이터 안에서 큰 소리로 노래 부르기

- 춥지 않은 날에 줄을 서서 기다리면서 제자리 뛰기

이미 생각해본 것도 좋고 구미가 당겼지만 보기 흉해서 실행하지 않은 것도 좋다. 다만 요즘 큰 고민거리인 생각은 피해야 한다. 즉 강박사고를 선택해서는 안 된다. 그보다는 너무 자주 떠올리지 않으면서도 실행했을 때 손해볼 사람이 본인 한 명뿐인 행동을 선택한다.

그리고 연습장에 이 행동을 자세히 적어두자. 이 행동을 실천할 가능성이 얼마나 큰지 점수를 매기는 것이다. 그런 다음 앞으로 한 주 동안 이 행동을 최대한 열심히, 그리고 최대한 자주 떠올리면서 어디서 어떻게 실행할지 구상해본다.

연습장에 적어둔 내용을 매일 읽고 또 읽으면서 시간이 날 때마다 머릿속에 떠올리는 것도 한가지 방법이다. 또는 시계를 반대편 손목에 차는

등 자꾸 기억나게 할만한 표식을 해둬도 좋다. 그렇게 일주일이 지나면 실제로 이 행동을 얼마나 자주 했는지 적어보자. 그리고 앞으로 이 행동을 실천할 가능성이 얼마나 큰지 다시 점수를 매겨보자.

: 공정한 시각 키우기

대프니는 행인을 발로 차거나 넘어뜨리는 상상이 사라지지 않는 것이 일종의 징조라고 생각하고 있다. 종교계에서 이해할 수 없는 일에 대해 창조주가 우리에게 어떤 신호를 주신 거라고 믿는 것처럼 말이다. 만약 어떤 생각이 신의 계시라고 생각될 때는 진짜 의미가 무엇인지 주변의 성직자에게 상담해볼 필요가 있다. 한편 생각이나 꿈이 어떤 전조현상이라는 미신도 있다.

하지만 생각해보자. 정말 꿈에서 본 일이 실제로 벌어지면 당사자가 떠들고 다닐 테니 계속 회자되기 마련이다. 이렇게 회자된 이야기가 전혀 없는 건 아니지만 분명 실현된 꿈보다는 실현되지 않은 꿈이 수천 배나 더 많다. 꿈이나 '계시' 같은 생각이 현실에서 그대로 벌어졌다는 사람도 무수히 많지만, 사람들은 보통 하루에도 몇 번씩 꿈을 꾸고 수천 가지 생각을 한다. 이럴진대 중대한 결정을 내릴 때 꿈과 계시 같은 생각에 의존하는 것은 결코 현명한 행동이 아니다.

대프니는 자신의 강박사고 때문에 직업을 바꿔야 할지 고민하고 있다. 하지만 흥미, 약자를 배려하는 성격, 열정, 연봉, 생활 패턴 등 간호사 일을 선택하게 된 계기가 많았을 텐데 고작 미신 때문에 이 모든 것들을 무시하는 것이 과연 이성적인 행동일까? 반복되는 강박사고에 대해서는 8장의 뒷부분에서 더 자세히 살펴볼 것이다(7장도 참고하길 바란다).

ː 공정한 시각 키우기

부도덕한 행실을 상상하는 것이 실제로 그렇게 행동한 것만큼 불량하다고 간주하는 경우도 사고-행동 융합에 속한다. 대프니와 리처드는 그런 생각을 품었기 때문에 자신이 나쁜 사람이고 도덕적으로 타락했다고 판단했다. 하지만 정말로 그럴까?

이렇게 생각해보자. 종교에서는 부도덕한 행실을 머릿속에 떠올렸다면, 설사 의도하지 않았더라도 죄를 지은 것으로 간주하곤 한다. 하지만 이런 판정은 생각이 대부분 무의식적으로 떠오른다는 점을 간과한 것이다.

이와 달리 고의성이 없는 생각에는 관대함을 보이는 종교적 관습도 많다. 일례로 음란한 생각이 멋대로 불쑥 떠올랐을 때는 죄악이나 패륜으로 보지 않지만, 다른 사람의 배우자와 잠자리를 갖는 상상을 하면서 즐기는 사람은 비난을 받는다.

또한 혐오성 강박사고가 한 사람의 도덕성을 보여주는 전부는 아니라는 사실도 명심해야 한다. 당신이 숭고하고 도덕적이라고 생각하는 인물을 떠올려보자. 어떤 점에서 그 사람이 숭고하다고 생각했는가? 아마도 그 인물의 행실일 것이다. 그런데 이 사람도 불순한 생각이 불쑥 떠올랐던 경험이 있다면? 이 사실을 알게 된다고 해서 그 사람의 도덕성 수준에 매긴 점수가 달라지겠는가?

전(前) 미국 대통령 지미 카터(Jimmy Carter)는 세계 평화에 기여하고 자선활동에 열심인 모범적인 인물로 명성이 자자하다. 그런 그조차도 마음속으로 간음죄를 저지른 적은 있지만, 한 번도 행동으로 옮기지는 않았으며 앞으로도 그러지 않을 것이라고 고백한 바 있다. 당신도 마찬가지다. 당신의 도덕성은 생각보다 훨씬 멀쩡하다.

집중훈련 8-2

부도덕성을 공정하게 따져보기

연습장에 당신이 아는 가장 고결한 사람의 이름을 적어보자. 직접 아는 사람이어도 되고 언론에서 접한 인물이어도 된다. 그다음에는 당신이 아는 가장 악랄한 사람의 이름을 적어보자. 마찬가지로 아는 사람도 괜찮고 유명인사도 괜찮다.

그런 다음 어떤 행동을 상상하는 것과 직접 하는 것의 차이가 무엇인지 곰곰이 생각해보자. 신문이나 TV에서 본 살인자나 성범죄자들에 대해 생각해보자. 역사 속 인물 중에서 가장 악독했던 사람이 누구인지도 생각해보자. 그리고 친한 친구들과 가까운 가족들을 떠올려보자.

이제 연습장에 세로로 직선을 하나 그린다. 제일 위에는 가장 고결한 사람의 이름을 적고 제일 밑에는 가장 악독한 사람의 이름을 적는다. 그런 다음 다른 사람들의 도덕성은 어느 정도쯤인지 직선 위에 배치해보자. 마지막으로 당신 자신은 어디쯤인지 표시하자.

다 했으면 이제 다시 한 번 생각해보자. 부도덕한 생각을 떠올렸다고 해서 당신이 정말 부도덕한 사람일까?

다음은 리처드가 그린 직선이다.

```
┌─ 최고로 고결함
├─ 테레사 수녀
├─ 로리 아슈라프
├─ 조지 바이
├─ 나
├─ 제니퍼
├─ 마이클
├─ 클리포드 올슨(어린이 11명을 납치해서 수차례 성폭행한 뒤 죽인 연쇄살인마)
├─ 스탈린
└─ 최고로 악독함
```

174

현실적인 위험 가능성 인정하기

당신은 충동적으로 행동할 사람이 아니며, 지난 한 주 내내 충동을 잘 억눌렀고, 당신의 도덕성은 강박사고 외의 다른 요소들이 결정한다는 말을 들으면 일시적으로 안도감이 들 것이다.

하지만 지금부터 할 이야기는 당신을 안심시키기 위한 것이 아니다. 그보다는 현실적으로 강박사고가 행동으로 이어질 확률이 매우 낮으므로 그런 위험에서 누군가를 보호하려고 애쓰지 말고 평범하게 살아도 괜찮다는 사실을 깨닫도록 도와주기 위해서다. 만약 사고발생률이 아무리 낮아도 사전에 예방하기 위해 어떻게든 해야 한다는 압박감이 든다면, 이어지는 책임평가에 관한 내용을 주목하길 바란다.

책임평가

다음과 같은 생각을 반영하는 책임평가내용을 기억해보자.

- 사고를 막지 못한 것은 실제로 사고를 일으킨 것만큼 도덕적으로 나쁘다.

• 어떤 식으로든 부정적인 결과에 영향을 줄 수 있는 일이라면, 그 결과가 실현될 가능성이 아무리 희박하더라도 예방하기 위해 무엇이든 해야 할 책임이 있다.

어느 날 나탈리아는 운전하면서 횡단보도를 빠르게 지나쳤다. 그런데 차가 무언가를 밟고 지나간 느낌이 들었다. 백미러를 보니 도로가 움푹 패어 있었다. 잠시 후 갑자기 이런 생각이 들었다. '진짜로 사람을 치고도 모르고 지나온 것이 아닐까?' 이 걱정은 풍선처럼 부풀어올라 운전할 때마다 나탈리아를 괴롭혔다.

물론 나탈리아도 사람을 쳤을 때 모를 수 없다는 것은 대강 알고 있었다. 그럼에도 불구하고 일말의 가능성이라도 있는 한 돌아가서 자신의 차에 치인 사람이 있는지 확인해야 하고, 만약 있다면 그 사람을 도와줄 책임이 있다고 생각했다.

그 결과 왔던 길을 되돌아가 도로 한복판이나 길가에 누워 있는 사람이 없는지 찾아보고 심지어 배수로까지 샅샅이 조사하는 습관이 생겼다. 이렇게 확인하지 않으면 정말로 살인을 저지른 것처럼 느껴졌기 때문이었다.

이사벨은 가족의 식사를 준비하는 것이 큰 스트레스다. 노쇠한 고모님과 함께 살게 되면서 특히 심해졌다. 식재료를 깨끗하게 다듬지 못해서 실수로 식구들에게 독을 먹이지 않을까 늘 노심초사했다. 통조림을 따기 전에는 유효기간을 확인하고 겉면에 얼룩이나 흠집이 없는지 조사했다. 통조림 따개도 사용하기 전에 소독하고, 통조림 뚜껑까지 소독했다.

이사벨은 이렇게까지 하지 않아도 복어 독이나 식중독균에 노출될 가능성이 아주 낮다는 사실을 알고 있었지만, 나탈리아와 마찬가지로 확률이 확실히 제로가 아닌 한 예방조치를 철저히 해야 한다고 생각했다. 이사벨이 생각하기에 음식을 만들 때 꼼꼼하게 조심하지 않는 것은 일부러 가족에게 독을 먹이는 것과 똑같은 짓이었다.

: 공정한 시각 키우기

나탈리아, 이사벨, 리처드는 다른 사람들에게 비정상적으로 무거운 책임감을 느낀다. 자신이 사람을 다치게 할 가능성이 거의 없다는 사실을 머리로는 알지만 무슨 수를 써서라도 사전에 막아야 한다고 느끼는 것이다. 그 결과 일어나지도 않을 일을 예방하는 데 매일 전력을 쏟는다.

이렇게 생각해보자. 보통 사람들은 실현될 가능성이 제로에 가까운 일을 사전에 막느라 그렇게까지 애쓰지 않는다. 왜 그럴까? 이는 그동안의 경험으로 미루어 혹은 정밀 계산을 토대로 위험 수준을 가늠할 수 있기 때문이다. 그래서 사람들은 어린 자녀에게 예방주사를 맞히고 화장실을 사용한 다음에 손을 씻는다. 음식을 먹기 전이나 생고기를 만지고 난 뒤에도 마찬가지다. 이런 경우에는 사고가 발생할 확률이 충분히 높으므로 조심해야 한다는 걸 알고 있는 것이다.

물론 대프니는 간호사 교육생이므로 항상 신중해야 한다. 하지만 지도교수가 추천한 방법은 대프니가 보기에 너무 미흡했다. 그래서 그 방법 말고 자신만의 예방조치에 매진하다가 오히려 간호 업무에 방해가 되고 말았다.

이렇듯 강박장애 환자와 보통 사람의 가장 큰 차이점은 객관성에 있다. 보통 사람들은 실현 가능성을 객관적으로 파악하고 행동한다. 만약 사고가 일어날 가능성이 희박하다면, 조심하는 데 에너지를 소비하기보다는 다른 할 일을 하는 것이 이득이다. 사고의 위험이 커지면 그때부터 보편적인 지침대로 조심하면 된다. 반면에 강박장애 환자들은 이것을 하지 못한다.

세상 사람 전부가 나탈리아, 이사벨, 대프니 수준으로 사람들이 다치지 않도록 보호해야 한다는 책임감을 느낀다고 상상해보자. 물론 그러면 이 세상은 더 안전해질지 모른다. 하지만 그렇다고 해도 사고가 완전히 사라지지는 않을 것이다. 모든 사고를 예상해서 효과적으로 방어하는 것은 불가능하니깐 말이다.

또 한편으로는 전 세계가 점차 정체 상태에 빠지게 될 것이다.

178

사람들이 더이상 농작물을 키우고, 주식거래를 하고, 정부를 운영하고, 아이들을 가르치는 데 집중할 수 없을 테니깐 말이다.

집중훈련 8-3

사고예방 활동에 인생을 바칠 가치가 있을까?

〈집중훈련 6-3〉에서는 강박장애가 무엇을 앗아갔는지 찾아봤다. 그렇다면 한번 자문해보자. 가장 소중한 인간관계, 직업, 사생활을 희생하면서까지 실현 가능성이 거의 없는 일을 예방하는 데 매진하는 것이 과연 타당할까?

이번에는 이런 질문을 해보자. 실현 가능성이 거의 없는 일을 예방하기 위해 소중한 인간관계, 직업, 사생활을 희생하는 것이 자신에게 온당할까? 친구나 가족에게는? 당신에게는 인생을 즐길 권리가 있다. 당신을 사랑하는 사람들도 당신이 그러기를 바란다.

: 공정한 시각 키우기

사고를 막지 못한 것이 사고를 일으킨 것과 같을까? 적어도 이사벨과 리처드는 그렇게 생각하는 것 같다. 이것은 상상하는 것이 실제로 부도덕한 행위를 저지른 것만큼 나쁘다고 여기는 문제와 비슷하다. 한번 생각해보자.

하는 것과 하지 않는 것

연습장을 펼쳐서 강박사고가 초래할 결과를 사전에 막기 위해 썼던 방법들을 모두 적어보자. 강박행동이나 회피행동, 상쇄행동도 여기에 포함된다. 자, 이제부터 〈집중훈련 8-2〉에서처럼 세로로 직선을 하나 긋고 '매우 도덕적임'과 '극악무도함' 사이에 여러 가지 것들을 배열할 것이다. 이번에는 사람 이름이 아니라 어떤 행동을 하는 것이나 하지 않는 것을 적는다.

먼저 연습장에 직선 하나를 세로로 긋는다. 그리고 상상할 수 있는 최악의 행동을 골라서 맨 밑에 적자. 그런 다음 상상할 수 있는 가장 훌륭한 행동을 골라서 맨 위에 적자. 이제 회피행동, 상쇄행동, 그 밖의 대처반응들을 '하지 않았을' 때 직선의 최악과 최선 사이에 어디쯤 해당하는지 배치해보자.

이 훈련을 하는 동안 강박사고에 잠재된 실제 위협 정도를 가늠할 때 공정한 시각을 유지하길 바란다. 만약 〈집중훈련 8-2〉를 건너뛰었다면 앞으로 돌아가서 그것부터 하자. 생각나는 게 많다면 직선을 여러 개 그어도 된다.

다음은 대프니가 그린 직선이다. 대프니에게는 노약자를 괴롭히는 것에 대한 강박사고가 있다.

├─ 매우 도덕적임
├─ 다른 사람을 살리기 위해 목숨을 거는 것
├─ 물을 흘렸다는 의심이 들 때 제대로 확인하지 않는 것
├─ 어린이를 살해하는 것
└─ 극악무도함

이 훈련의 핵심은 의도적으로 해를 끼치는 것과 발생 가능성이 낮은 사고를 예방하지 못하는 것 사이에는 극명한 차이가 있다는 사실을 스스로 인정하게 만드는 것이다.

생각과 사고과정 평가

대프니와 리처드는 그 생각을 최선을 다해 억제하고 있고 그 생각이 전혀 기껍지 않은데도 강박사고가 왜 자꾸 되살아나는지 이해하지 못했다. 다음 내용을 읽어보면 왜 아무리 노력해도 강박사고가 사라지지 않는지 조금은 이해가 갈 것이다. 주된 이유를 꼽아보면 다음과 같다.

• 강박사고를 억누르는 데 집착하기 때문이다. 그러면 아이러니하게도 그 생각이 마음속에 산재하다가 틈만 나면 불쑥불쑥 고개를 내민다.

• 강박사고를 억제하려고 열심히 노력하면서도, 동시에 왜 그런 생각이 드는지 이해하려고 많은 시간을 할애하기 때문이다. 그러면 그 생각이 최대의 관심사가 되어버린다. 다이어트를 하는

사람이 음식에 집착하는 것처럼 말이다.

• 강박사고를 감시하는 꼴이므로 그 생각과 관련된 모든 것에 극도로 예민해지기 때문이다. 상황, 광경, 소리, 색깔, 사람들, 관련된 언론 정보, 기분(화, 불안, 두려움, 공포, 절망감) 등 만사에 오감이 곤두선다.

: 공정한 시각 키우기

사실 인간의 정신력은 그다지 뛰어난 편이 아니다. 하지만 이러한 사실을 안다고 해서 지레 포기할 필요는 없다. 다음 훈련을 해보면 인간의 두뇌에서 사고하는 과정을 자세히 이해할 수 있을 것이다.

집중훈련 8-5

통제력의 한계 알기

파트 I

이 훈련을 하려면 초침이 있는 시계가 필요하다. 하얀 푸들이 빨간 나비넥타이를 매고 흰색과 분홍색이 섞인 물방울무늬 비키니를 입은 모습을 상상해보자. 이미지를 최대한 생생하게 만들어야 한다. 지금부터 60초

동안 이 영상에 집중하자. 그런 다음 다시 60초 동안 이 영상을 머릿속에 떠올려보자. 이제 연습장에 이 이미지를 세밀하게 묘사한다.

자, 이번에는 그 생각을 말끔히 지운다. 머릿속에서 완전히 내보내야 한다. 이제부터 48시간 동안은 빨간 나비넥타이를 매고 흰색과 분홍색이 섞인 물방울무늬 비키니를 입은 푸들의 이미지를 떠올려서는 안 된다. 이 생각이 떠오르지 않도록 최대한 노력해야 한다. 48시간이 지나면 이 훈련의 다음 파트로 넘어가자.

파트 II

이 이미지가 잘 억제되던가? 아니면 자꾸 생각이 나던가? 빨간색, 검은색, 분홍색을 봤을 때 이 이미지가 떠오르진 않았나? 길가의 개나 연습장, 혹은 이 책이 눈에 띄었을 때 이 푸들의 모습이 떠오르지 않나? 48시간 동안 이 이미지를 떠올리는 요인들이 점점 많아지거나 일반화되지 않았나? 아마도 처음에는 푸들을 보았을 때만 떠올렸겠지만 마지막에 가서는 그냥 똥개만 봐도 저절로 연상되었을 것이다.

강박사고 통제가 점점 어려워지는 과정은 이 푸들 이미지를 밀어내는 것이 힘들어지는 과정과 정확하게 똑같다. 즉 강박장애라서 특이하게 어려운 것이 아니다. 강박장애 환자의 특이한 점은 생각을 통제할 수 있느냐 없느냐가 아니라 생각을 억제하는 데 엄청난 시간과 노력을 들인다는 것이다!

강박사고가 떠오를 때 정보를 활용해야 한다

8장에는 생각과 사고과정에 대한 정보가 알차게 준비되어 있다. 다시 한 번 더 강조하지만, 8장의 목적은 당신을 안심시키는 것이 아니다. 그보다는 강박사고의 위험 가능성을 있는 그대로 인정하고 강박행동이나 상쇄행동, 회피행동을 하지 않게 만드는 데 있다.

　그런데 8장을 읽을 때는 마음이 편해졌다가도 나중에 강박사고가 떠오르면 막상 그 순간에는 배운 내용을 활용하지 못하는 사람이 있다. 이는 이 책의 내용을 무용지물로 만드는 것이다. 그러므로 다른 때가 아니라 바로 강박사고가 떠오르는 순간에 정보를 활용할 줄 알아야 한다!

집중훈련 8-6
급하게 작성했던 잘못된 강박사고 평가내용 수정하기

이번 훈련은 〈집중훈련 4-2〉와 완전히 똑같다. 단지 다섯 번째 줄의 제목을 '신중한 평가 후 기분'으로 붙였다는 것만 다르다. 이 제목은 사람들이 부정적인 생각에서 벗어나도록 도와주는 전문가인 그린버거 (Greenberger)와 파데스키(Padesky)가 1995년 연구에서 사용한 표현으로, 불안하거나 괴로울 때 바로 눈에 띄는 정보만 보는 것이 아니라 어떤 주제에 대한 모든 정보를 바탕으로 평가한다는 뜻이다.

앞으로 일주일 동안 오전, 오후, 저녁에 한 번씩 강박사고와 그때의 기분, 즉흥적 평가를 기록해두자. 다만 이번에는 지금까지 이 책을 읽고 얻은 모든 정보를 참고해서 즉흥적 평가내용을 재검토해야 한다. 책임, 도덕성, 위험성은 물론이고 생각과 사고과정까지 따져가면서 평가내용을 파헤쳐보는 것이다. 그런 다음에 자신의 기분이 얼마나 큰지 다시 점수를 매긴다. 대프니가 작성한 표를 살펴보자.

날짜	2월 12일 오전	2월 12일 오후	2월 12일 저녁
강박사고	다친 사람의 목발을 걷어차고 싶은 충동	식수대에서 물이 바닥에 튀어서 누군가 미끄러져서 다치면 어쩌지?	노인에게 발을 걸고 싶은 충동
기분	두려움-90 수치심-80	두려움-80 죄책감-90	두려움-90 죄책감-90 수치심-90
즉흥적 평가	내가 정신병자인가? 마음 한구석에서 진심으로 원하지 않는다면 이런 생각을 할 리가 없어. 직업을 바꿔야 할까? 이런 충동이 자꾸 들면 결국 언젠간 그대로 행동하고 말 거야. 나는 사회악이야. 이런 생각을 하다니 최악이야.	물을 흘린 것 같지는 않은데, 사실은 물이 튀었을지도 몰라. 그 때문에 무슨 일이 생겼다면 다 내 탓이야. 다시 가서 물기를 닦아내야 해. 그렇지 않으면 일부러 누군가를 넘어뜨린 거나 마찬가지야.	난 못된 인간이야. 그만두려고 하는데도 이 생각이 머릿속을 떠나지 않아. 이건 어떤 징조임이 분명해. 어쩌면 내가 진짜로 그런 행동을 하고 싶어하는 걸지도 몰라. 난 뼛속부터 냉혈한인가 봐. 간호사 일을 그만두라는 신의 계시가 틀림없어. 이대로 가면 이성을 잃고 실행해버리고 말 거야. 이런 생각을 조절하지 못하다니, 정말로 발을 걸어 누군가를 넘어뜨리는 짓과 똑같아.

날짜	2월 12일 오전	2월 12일 오후	2월 12일 저녁
신중한 평가	내가 정신병자일지도 모르지만, 정말로 그럴 확률은 매우 낮으니까 굳이 주변 사람들을 보호하려고 예방조치를 취할 필요는 없어. 이 생각이 직업을 바꾸라는 징조일 수도 있겠지. 하지만 지금까지 겪은 바로는 이 일이 내 천직이야. 난 전체적으로는 괜찮은 사람이야. 지역사회에 여러 좋은 일도 하고 누구를 해치거나 등쳐먹는 짓 따위는 하지 않는걸. 나 같은 사람도 이런 생각을 할 수 있어.	바닥에 물을 흘렸을 수도 있어. 하지만 그럴 가능성은 매우 낮으니까 다시 가서 확인할 필요는 없을 거야. 그보다는 수업에 늦는 것이 더 손해야. 일부러 누군가를 넘어뜨리는 것과 바닥에 물을 흘렸는지 의심이 들더라도 굳이 확인하지 않는 것 사이에는 엄청난 차이가 있어.	난 폭력을 행사한 적이 없어. 만약 그러고 싶더라도 어떻게 행동할지 나 스스로 결정할 수 있어. 이런 생각을 하는 것과 실제로 누군가를 때리는 것은 완전히 달라. 조금도 비슷하지 않아.
신중한 평가 후 기분	두려움-30 수치심-20	두려움-10 죄책감-15	두려움-20 죄책감-20 수치심-15

강박사고에 과감하게 부딪혀야 한다

8장에서 지금까지 우리는 강박행동, 상쇄행동, 회피행동을 점차 줄여가면서 위험성을 받아들이기 위해 준비했다. 지금쯤이면 경험과 정보에 입각해서 위험성을 논리적으로 계산하는 방법을 알

186

고 있을 테니 현실 세계에 뛰어들 준비를 갖춘 셈이다.

만약 그렇다면 이제 실행할 타이밍이다. 자신이 이 위험성을 제대로 계산한 건지 여전히 의심스럽더라도 일단은 그런 현실에 직접 부딪혀보길 강력하게 권한다.

말로는 아무리 되뇌어도 와 닿지 않지만, 직접 해보면 금방 알게 된다. 직접 겪고 나서야 강박장애의 평가내용이 바뀌는 사람도 있으니까 말이다.

반면에 이렇게 위험성을 분석하고 얻은 새 정보를 일종의 강박행동이나 상쇄행동에 이용하는 경우도 있다. 즉 위험성을 계산하는 작업을 불안감을 해소하는 수단으로 오용해 강박사고가 떠오를 때마다 잠깐 위안을 얻는 것이다. 이는 장기적으로 큰 도움이 안 되며 오히려 강박장애를 악화시킬 수 있다.

정말 극복하고 싶다면 머리로 아는 것을 넘어 실제 몸으로 부딪혀서 검증해야 한다. 자꾸 머뭇거릴수록 강박장애가 굳어지기만 할 뿐이다.

> **"용기란 두려워도
> 맞서서 나아가는 것이다."**

- 폭력과 성에 관한 강박사고는 다른 종류의 강박사고와는 달리 당사자를 겁먹게 만든다. 이는 폭력과 성에 관한 강박사고가 다른 강박사고들보다 훨씬 더 당사자의 도덕적 가치와 성격에 어긋나기 때문이다.

- 혐오성 강박사고가 한 사람의 도덕성을 보여주는 전부는 아니라는 사실도 명심해야 한다.

- 현실적으로 강박사고가 행동으로 이어질 확률은 매우 낮으므로 그런 위험에서 누군가를 보호하려고 애쓰지 말고 평범하게 살아도 괜찮다.

- 강박장애 환자와 보통 사람의 가장 큰 차이점은 객관성에 있다. 보통 사람들은 실현 가능성을 객관적으로 파악하고 행동하지만 강박장애 환자들은 그렇게 하지 못한다.

Chapter 9

종교적 강박사고와
강박행동 극복하기

죄와 벌에 대한 자학적 의심 • 종교는 다양하다 • 종교가 강박장애를 유발할까? •
신앙심은 얼마나 깊어야 지나친 걸까? • 오판과 그릇된 믿음 • 평가내용 뒤엎기 •
심리치료와 신앙상담, 둘 다 중요하다 • 강박사고에 과감하게 부딪히자

죄와 벌에 대한 자학적 의심

도미닉은 이제 막 중년에 접어든 아주 독실한 근본주의 기독교인이다. 평생 동안 도미닉의 일상은 온통 신앙 위주로만 돌아갔다. 그런데 사십 대 초반에 병을 심하게 앓게 되면서 문제가 시작되었다.

아픈 몸 때문에 자리에 누워 있기만 하던 도미닉이 내세에 대해 진지하게 생각해보다가 '어쩌면 내가 죄를 지은 게 아닐까, 주님이 영원히 지옥에서 살아야 하는 벌을 주시면 어쩌나, 나는 주님이 기뻐하실 옳은 결정을 했나.' 하는 고민에 점점 더 몰두하게 된 것이다.

그래서 도미닉은 이 생각에서 벗어나기 위해 죄를 회개하고,

주를 찬양하는 기도를 되풀이하고, 설교나 찬송가에서 자신이 옳았고 주님이 자신을 흡족해하신다는 징조만을 열심히 찾았다. 게다가 쉴 새 없이 성경을 뒤져 궁금증을 해결해줄 구절을 찾기도 했다.

친구들과 가족에게는 "내가 주님을 실망시킨 것 같아?"라는 질문을 지겹도록 반복해서 해댔다. 그들이 어떻게 대답을 하든 도미닉의 성에는 차지 않았다. 친구들과 가족에게 만족할만한 답변을 얻어 잠시 안도감이 들었다가도 몇 분 이내에 그 안도감은 흔적 없이 사라지고 '그래도 만약에…'라는 얼토당토않은 의심이 다시 고개를 들었던 것이다.

결국 강박장애를 치료하기 위해 병원을 찾았을 때는 이미 죄와 벌에 대한 자학적 의심이 도미닉의 인생 전부를 점령한 상태였다. 주님을 실망시킬까봐 몸도 제대로 씻지 못할 정도였다. 이 경우에서 볼 수 있듯이, 시아로키 박사는 1995년 연구에서 지나친 도덕적 양심은 신앙을 방해한다고 지적했다.

종교 관련 강박장애를 앓았던 종교계 유명 인사를 꼽자면 『천로역정』의 저자 존 버니언(John Bunyan)과 예수회를 창립한 성 이그나티우스 로욜라(Ignatius Loyola)가 대표적이며, 종교개혁가 마르틴 루터(Martin Luther)도 살짝 의심스럽다.

종교는 다양하다

어떤 종교의 열성 신자라면 이번 9장에 솔깃할 것이다. 9장에서는 종교적인 강박사고와 강박행동을 신학적 문제가 아니라 강박장애라는 정신장애의 증상으로 다룰 것이니 말이다.

만약 자신이 믿는 종교와 9장의 내용이 맞지 않는 것 같다면, 아는 성직자에게 조언을 구해보는 건 어떨까? 분명 그분이 당신의 종교적 고민을 9장의 맥락에서 이해할 수 있도록 도와줄 것이다.

종교가 강박장애를 유발할까?

종교가 있는 사람은 강박장애를 겪을 가능성이 더 높을까? 사실 종교가 강박장애를 유발한다는 증거는 어디에도 없다. 하지만 종교적인 배경과 경험이 강박장애 환자의 강박사고 유형에 영향을 미치는 것은 틀림없다. 문화가 강박장애 증상의 내용을 좌우하므로 이는 당연한 결과다. 예를 들어 종교 교육과 종교적 관습이 법률과 문화규범에 명시되어 있는 나라일수록 종교적 강박장애가 더 빈번하게 발생한다.[22]

신앙심은 얼마나 깊어야 지나친 걸까?

신학자들과 종교를 믿은 선학들은 고금을 막론하고 지나친 양심주의는 마음의 병이니, 깊은 신앙심과 혼동해서는 안 된다고 경고한다. 기독교 신학자들도 지나친 양심주의는 두려움과 잘못된 양심에서 비롯된다고 수세기 동안 말해왔다.

가령 시아로키 박사는 이런 이유로 신실한 종교인이기도 한 강박장애 환자들은 도덕적 판단이나 결정을 내릴 때 양심을 제대로 사용하지 못한다고 지적했다.[23] 그린버그 박사 역시 일단 유월절 맞이 대청소를 끝내면 절대로 사소하게 놓친 부분에 미련을 두어서는 안 되며, 무슨 일이 있어도 성전의 특정 구역은 다시 손을 대서는 안 된다고 명시된 유대 율법을 예로 들어 설명했다.[24]

또 이슬람 석학인 사이드 누르시(Said Nursi)는 강박장애 인지행동치료와 완전히 부합하는 시각으로 지나친 양심주의를 예리하게 통찰해냈다.[25] "오, 양심이라는 병이 든 자여! 그대의 양심이 재앙과도 같음을 그대는 아는가! 양심을 중시하면 그것은 묵직해지고, 양심을 무시하면 그것은 시들어버릴지니. 크다고 생각하면 더욱 커지고, 작다고 생각하면 더욱 작아지리라. 양심을 두려워하면 그것은 부풀어올라 그대를 짓누를 것이고, 양심 앞에서 당당하면 그것은 경박해지고 희미해지리."

이렇듯 신앙심이 신앙생활과 일상을 풍요롭게 하는 것이 아니라 오히려 뒤죽박죽으로 만든다면, 그때는 도를 넘은 것이다.

오판과 그릇된 믿음

우리는 앞에서 이미 종교적 강박장애 환자를 괴롭히는 죄악과 징벌, 의심에 관한 침투사고에는 어떤 종류가 있는지 알아봤다. 신앙인이라면 누구나 가끔씩 자신이 죄를 짓지 않았는지, 진심으로 회개했는지, 종교의식을 똑바로 치렀는지 고민한다. 이때 독실한 신자는 이런 의심을 이성적으로 분석해서 개선할 점이 있는지 없는지 파악할 줄 안다.

반면에 지나친 양심주의자들은 거듭 잘못 판단해서 결국 이런 의심이 사실에 가깝다는 잘못된 결론에 이르고 만다. 이 과정에서 종교적 강박사고 환자들이 가장 빈번하게 범하는 오판 유형은 사고-행동 융합, 완벽주의, 불확실성 불인정, 그리고 사고통제다.

〈집중훈련 4-1〉과 〈집중훈련 4-2〉를 해봤다면 이런 오판유형들이 강박장애에 어떤 영향을 미치는지 꽤 잘 알고 있을 것이다. 만약 아직 하지 않았다면 9장에서 추천하는 치료법을 시도

하기 전에 이 훈련들을 반드시 마쳐야 한다.

각자에게 가장 심한 종교적 강박사고와 출현 빈도, 정신적 고통 수준, 평가내용, 그리고 이 강박사고가 떠올랐을 때의 대처 반응 유형(강박행동, 상쇄행동 등)을 확실하게 파악해둬야 한다. 이 정보를 알아야 이 책에서 추천하는 강박장애 치료법을 자신의 것으로 만들고 연습을 거듭하면서 진전이 있는지 확인할 수 있다.

이제부터는 종교적 강박사고를 극복할 비법을 본격적으로 알아볼 것이다. 그 첫걸음은 지금까지 확신해온 강박사고의 의미를 뒤엎는 것이다. 하지만 그 전에 한 가지 경고할 것이 있다. 시아로키 박사가 지적했듯이 양심을 지나치게 중시하는 사람은 이 치료 과정이 도덕이나 종교적 관점에서 어느 정도 잘못된 것은 아닌지 의심한다.[26]

마찬가지로 당신도 치료과정을 밟아갈수록 더 불안해질 것이다. '악한 생각이나 불결한 생각을 일부러 하라는 거야?' 라든지 '나더러 회개하지 말고 기도시간을 줄이라고 강요하는데?' 라고 생각하면서 말이다.

만약 이 지점에서 더이상 진도가 안 나간다면, 강박장애를 잘 아는 주변의 성직자를 찾아가 노출훈련과 다른 행동요법에 대해 상의해보길 권한다. 그분이라면 당신의 신조와 신앙을 거스르지 않고 시도해볼만한 훈련에는 어떤 것이 있는지 조언해줄 것이다. 물론 그러는 동안에도 이 책을 계속 읽어가면서 강박장애의 본질을 나름대로 분석해볼 필요가 있다.

다음에 제시된 사례들을 읽으면서 언짢아진다면, 이 생각들은 당신의 것이 아니라 필자들이 예로 든 것임을 기억하자. 당신은 필자들의 상상을, 필자들의 생각을 읽는 것이다. 즉 당신 자신의 생각이 아니라는 말이다. 그러니 이 책을 읽고 책임감을 느낄 필요는 전혀 없다.

평가내용 뒤엎기

강박장애의 악순환을 끊어내기 위해 제일 먼저 해야 할 일은 자신이 평가한 강박장애의 의미를 뒤엎는 것이다. 앞에서 살펴본 대로, 종교적 강박사고의 평가유형에는 여러 가지가 있다. 하나씩 살펴보자.

사고-행동 융합 _ 못된 생각은 못된 행실과 같다

엄격하게 양심을 따르는 사람은 죄와 벌, 신성모독에 관한 강박사고를 억제하기 위해 자아파괴적인 방식을 선택하는 경우가 많다. 이 방식이 정신적으로 고통스러운 것은 '못된 생각은 못된 행실과 같다.'는 믿음 탓이 크다.

래치먼 박사는 이런 잘못된 믿음을 '도덕적 사고-행동 융합'이라고 불렀다.[27] 그렇다면 당신이 나쁘거나, 불순하거나, 부도덕하다고 여기는 생각이 정말 그런 행동을 하는 것과 도덕적으로 동등할까?

: 공정한 시각 키우기

〈집중훈련 8-2〉에서는 도덕적 사고-행동 융합의 문제점을 다루었는데 이는 8장의 주제인 폭력적 강박사고와도 관련이 있다. 이번에는 똑같은 방법으로 신앙에 대한 이런 사고방식이 타당한지를 평가해보자.

집중훈련 9-1
부도덕성을 공정하게 따져보기

연습장을 펼쳐서 세로로 직선을 하나 긋고, 맨 위에는 존경하는 고결한 인물을 적고 맨 밑에는 악랄하다고 생각하는 인물을 적는다. 중간에는 생각나는 사람들을 도덕성과 부도덕성 정도에 따라 배열한다. 여기까지다 했으면, 이 직선에서 각자 생각하는 자기 자신의 위치를 찾아보자. 당신은 '도덕적인' 쪽에 가까운가 아니면 '부도덕한' 쪽에 가까운가? 다음은 마리가 그린 '도덕성·부도덕성 직선'이다.

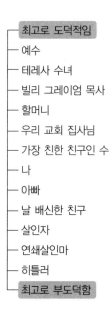

최고로 도덕적임
— 예수
— 테레사 수녀
— 빌리 그레이엄 목사
— 할머니
— 우리 교회 집사님
— 가장 친한 친구인 수
— 나
— 아빠
— 날 배신한 친구
— 살인자
— 연쇄살인마
— 히틀러
최고로 부도덕함

이제 도덕성 표를 그리고 도덕성 직선에 적은 각 인물을 그곳에 배치한 이유를 적는다. 누군가가 다른 인물들보다 더 도덕적이라고 생각하는 이유는 무엇인가?

이 훈련을 통해 두 가지를 배울 수 있다. 하나는 대체로 사람들은 생각이나 태도보다는 행동으로 타인의 도덕성 수준을 가늠한다는 것이다. 다시 말해 누군가의 도덕성을 판단할 때 근거로 삼는 것은 행동이다.

어쨌든 상대방에게 친절해야 한다고 지겹게 설교하고서 정작 자신은 타인을 위해서 아무것도 하지 않고 자기만 챙긴다면 이런 사람을 도덕적이라고 보긴 어렵다. 마찬가지로 아무리 흉악한 생각을 품었다고 하더라도 행동으로 내보이지 않는다면 그 사람을 부도덕하다고 손가락질할 수는 없다.

이어서 도덕성 직선 훈련에서 깨달을 수 있는 것이 하나 더 있다. 바로 사람들은 타인의 도덕성을 평가할 때보다 자신의 도덕성을 평가할 때 더 폄하하는 경향이 있다는 것이다.

당신은 정말 살인마나 연쇄살인범보다 조금 더 나은 수준밖에 안 되는가? 당신의 관점이 전체적으로 왜곡된 건가 아니면 자기 자신에게만 그렇게 엄격한 건가? 이제부터는 비뚤어진 잣대를 버리고 이 도덕성 직선 훈련을 활용해서 스스로의 도덕적 가치를 똑바로 재평가하자.

이 밖에도 도덕적 사고-행동 융합을 바로잡을 방법이 하나 더 있는데, 바로 각자 도덕적 판단의 근거를 따져보는 것이다. 당신은 불쾌한 생각이나 이미지, 충동이 모두 부도덕하다고 여기는가? 기독교를 비롯해서 지구상의 모든 유명 종교들은 무의식적으로 불쑥 떠오르는 불쾌한 생각이 의도적으로 떠올린 자발적 생각과는 다르다고 본다.

예를 들어보자. 래리는 불경한 생각이 자꾸 들고 신을 모욕하고 싶은 충동에 시달린다. 신실한 가톨릭 신자이기 때문에 이런 생각이 든다는 것이 더더욱 괴롭다. 그래서 쉬지 않고 구원을 청하는 기도를 하고 정기적으로 고해성사를 한다.

한편 마이크는 무신론자다. 어릴 때 종교와 관련해서 나쁜 경험을 몇 번 한 탓에 성인이 된 후 교회를 경멸하게 되었다. 그는 종종 교회와 신, 그리고 각종 종교 단체를 비난한다.

이렇게 마이크와 래리는 비슷한 생각을 가졌지만, 두 사람의 도덕관념 사이에는 거대한 간극이 있다. 교회 입장에서는 고의로 신을 부정한 마이크야말로 불순하고 악한 생각을 한다고 볼 것이 틀림없다.

반면에 래리에게는 불결하거나 부도덕하다고 손가락질하지 않을 것이다. 마이크와 달리 래리는 원해서 일부러 그렇게 한 것이 아니기 때문이다.

이런 모습은 비난의 대상이 아니라 강박장애라는 정신질환의 증상으로 보아야 한다. 그럼에도 양심주의가 지나친 사람들은 어떤 생각의 실제적 의미는 간과한 채 불쾌한 침투사고를 불결하고 악하다고 단정하는 우를 범하기 쉽다. 운전하다가 실수로 행인을 치는 것과 당신이 징그럽게 싫어하는 누군가를 도로변에서 일부러 들이받는 것 사이에는 큰 차이가 있다. 생각 역시 마찬가지다. 이래도 이 두 가지 상황에 큰 차이가 있다는 데 동의하지 않겠는가.

　지금까지는 도덕적 사고–행동 융합이라는 오판유형을 살펴봤다. 나쁜 생각이 나쁜 행실과 같다고 믿는 사람은 자신이 따르는 종교나 도덕적 가치에 위배되는 생각과 상상, 충동이 전부 불순하고 악하다고 여길 것이다.

　하지만 앞에서 짚어본 바와 같이 도덕성 평가는 생각보다는 행동에 따라 좌우되므로 나쁜 생각이 나쁜 행실과 도덕적으로 같을 수 없다. 게다가 생각이나 상상이 불순한지 아닌지는 그 쓰임새에 달려 있다.

　다시 말해 원해서 의도한 것이었는지가 중요하다. 사전적 정의 그대로 해석하면 강박사고는 절대로 불순할 수 없다. 강박사고는 원치 않는데도 내 의지와 상관없이 불쑥 떠올라 고통스럽게 하는 생각이기 때문이다. 강박사고는 강박장애라는 정신적 문제의 소산이며, 결코 신앙의 문제가 아니다.

도덕적 사고-행동 융합 뒤엎기

오늘부터 한두 주 동안 도덕적 사고-행동 융합에 해당하는 강박사고를 뒤엎는 연습을 해보자. 〈집중훈련 4-1〉과 〈집중훈련 4-2〉에서 했던 것처럼 연습장에 표를 그려 채워넣으면 된다.

매일 종교적 강박사고가 엄습할 때마다 자신이 어떻게 반응하는지 잘 관찰하자. 그런 다음 당신이 그 생각을 매우 부도덕하다고 바로 단정했는지 아닌지를 평가내용 칸에 적는다. 다 되었으면 〈집중훈련 9-1〉을 참고해서 이 평가내용에 딴죽을 걸어보자. 앞에서 만들었던 '도덕성 직선'을 상기해서 이 강박사고가 정말로 그런 행동만큼 부도덕한지를 확인하는 것이다.

이때 강박사고는 내 의지와 상관없이 제멋대로 등장해서 불쾌감을 준다는 점에서 절대로 불순할 수 없다는 점을 잊어서는 안 된다. 바로 그런 특징 때문에 침투사고를 신앙이나 도덕성 문제가 아닌 강박장애의 증상으로 보아야 한다.

도덕적 완벽주의

도덕적 사고-행동 융합처럼 지나친 양심주의가 잘못 발휘된 오판유형이 또 있다. 바로 완벽한 도덕적 경지를 추구해야 한다는 생각이다. 이를테면 '주께 기쁨을 드리기 위해 늘 노력하는 것'

'잘못된 결정을 절대로 하지 않는 것' '티끌만큼도 죄를 짓지 않는 것'이라고 말하면 쉽게 이해될 것이다.

: 공정한 시각 키우기

그런데 이것들이 과연 달성할 수 있는 목표일까? 도덕적 목표를 비현실적으로 높게 잡으면 부작용이 생기지 않을까? 다음 훈련을 통해 도덕적 완벽주의를 실현하는 것이 과연 가능한지 시험해보자. 이 과정에서 덤으로 스트레스와 정신적 고통이 덜한 대안을 찾게 될지도 모른다.

집중훈련 9-3
완벽주의자의 분투 기록하기

이 훈련은 완벽주의적 성향이 얼마나 강한지, 그리고 그런 성격이 지나친 양심주의에 어떤 영향을 미치는지를 파악하는 데 유용하다. 먼저 연습장에 네 칸짜리 표를 그리자. 제일 왼쪽 첫 번째 칸에는 '도덕적 목표·가치', 두 번째 칸에는 '도덕적 목표·가치에 도달하는 방법', 세 번째 칸에는 '심적 괴로움의 정도', 마지막으로 제일 마지막 칸에는 '성공의 정도'라고 적는다.
100점 만점으로 평가하는데, 전혀 아닐 때는 0점으로 하고 완전히 그럴 때는 100점으로 한다. 기억이 잘 나지 않는다면, 앞으로 2주 동안 특별히 신경 써서 자신의 완벽주의적 갈망을 기록해보자.

다음은 밥이 자신의 도덕적 목표를 표로 작성한 것이다.

도덕적 목표 · 가치	사람들과 대화할 때 항상 정직하게 임한다.		
도덕적 목표 · 가치 에 도달하는 방법	완벽하게 정직해지기 위해 똑같은 대화를 여러 번 반복한다.	내가 거짓말을 하지 않았는지 사람들에게 재차 묻는다.	허위사실을 퍼뜨리지 않도록 사람들과의 대화를 피한다.
심적 괴로움 의 정도 (0 ~ 100)	82	77	15
성공의 정도 (0 ~ 100)	15	50	87

도덕적 목표 · 가치	내 것이 아닌 것을 취하지 않는다.		
도덕적 목표 · 가치 에 도달하는 방법	실수로 다른 물건이 끼어 들어 오지 않았는지 가게로 돌아가 확인한다.	주머니, 가방 등을 계속 뒤적여 실수로 다른 물건을 넣지 않았는지 확인한다.	남의 펜이나 서류 등을 가져오지 않았는지 사무실을 나서면서 여러 번 확인한다.
심적 괴로움 의 정도 (0 ~ 100)	62	71	90
성공의 정도 (0 ~ 100)	90	84	22

자신의 강박장애와 관련된 도덕적인, 혹은 종교적인 가치를 세다보면 다섯 손가락이 모자랄 수도 있다. 이렇게 목록을 작성하고 나면, 그 내용을 찬찬히 살펴보자. 혹시 다른 것보다 더 부담스럽게 느껴지는 가치나 규범이 있는가? 최선을 다하는데도 결과물이 기대에 못 미치는 목표가 있는가? 이런 도덕적인, 혹은 종교적인 가치 중에서 당신의 강박장애와 더 가까운 것이 있는가? 그렇다면 이 중에서 당신에게 가장 큰 고통을 주고 당신의 강박장애와 가장 밀접하게 연결된 것을 골라보자. 그리고 변화의 목표로 삼아보자.

이 훈련은 도덕적인, 혹은 종교적인 가치를 더 건전하고 현실적인 가치로 정립하는 데도 도움이 된다. 친한 성직자나 목회자에게 작성한 표를 보여주면서 상의해보면 어떨까? 그분을 통해 당신의 목표 가치가 신앙에 득이 되는지 아니면 해가 되는지 조언을 얻을 수 있을 것이다.

그분은 당신의 종교적 목표와 가치를 어떻게 보는가? 당신의 목표와 가치가 그 종교에서 옹호하는 이상과 잘 어울리는가? 그분은 당신의 목표와 가치가 현실적이고 실현할 수 있다고 여기는가?

이런 종교적 목표가 당신의 신앙을 강화하는지 약화하는지 의견을 구해보자. 그분의 의견은 어떠한가? 그분은 당신의 목표와 가치가 종교적 헌신에서 비롯되었다고 보는가 아니면 강박장애의 증상으로 보는가?

그런데 영적 지도자와 도덕적 완벽주의 문제를 상의할 때는 두 가지를 조심해야 한다.

첫째, 반드시 완벽주의자의 분투 기록을 먼저 작성해야 한다. 상담해줄 성직자가 당신의 목표와 가치가 적힌 종이 기록을 손에 들고 볼 수 있도록 말이다. 말로만 전하려고 하면 이야기가 포괄적으로 흘러가서 잘못된 생각을 바로잡는 데 아무런 도움이 되지 않는다.

둘째, 당신의 종교적 목표와 가치, 규범이 적절한지 적절하지 않은지 자꾸 물어서 확인받으려고 해서는 안 된다.

당신이 작성한 표를 그분과 함께 보면서 검토하고, 그분이 평가한 내용을 적어두자. 다 끝나고 나면 그 표에 대해서는 더이상 왈가왈부하지 말아야 한다. 설령 궁금한 점이 있거나 미심쩍은 부분이 남더라도 말이다. 자꾸 재확인을 받으려고 하면 강박사고만 심해질 뿐이다. 그러면 강박사고를 치료하려는 결심이 수포로 돌아가고 말 것이다.

집중훈련 9-4

득실 분석하기

득실을 분석하는 것도 도덕적 완벽주의를 뒤흔들어볼 수 있는 유용한 훈련이다. 먼저 〈집중훈련 9-3〉으로 다시 돌아가서 완벽주의자의 분투 기록표를 보자. 그 표에서 처음 두 칸을 그대로 베껴 쓴다.

첫 번째 칸에는 도덕적인, 혹은 종교적인 목표와 가치를 적고, 두 번째 칸에는 이 목표와 가치에 도달하기 위해 당신이 사용한 방법을 적는다. 그리고 다음 칸은 이 목표에 도달하기 위해 희생한 것들로 채우고, 마지막 칸은 이 목표에 도달한 후 얻은 것들로 채운다.

다음은 밥이 첫 번째 도덕적 목적을 주제로 삼아 득실을 분석한 예시다. 밥의 도덕적 목적은 사람들을 완벽하게 정직한 태도로 대하는 것이다.

도덕적 목표 · 가치	• 사람들과 대화할 때 항상 정직하게 임한다.
도덕적 목표 · 가치에 도달하는 방법	• 완벽하게 정직해지기 위해 똑같은 대화를 여러 번 반복한다. • 내가 거짓말을 하지 않았는지 사람들에게 재차 묻는다. • 허위사실을 퍼뜨리지 않도록 사람들과의 대화를 피한다.
이 목표에 도달하기 위해 희생한 것	• 사람들과 이야기하고 나면 너무 불안하다. • 이야기하면서도 심란해서 대화에 집중할 수 없다. • 사람들과 말을 섞는 것을 피하기 때문에 외롭고 혼자라는 느낌이 든다. • 내가 자꾸 내 말에 꼬투리를 잡기 때문에 친구들과 가족들이 화를 낸다. • 내가 했던 말을 자꾸 반복하기 때문에 사람들이 나를 이상한 놈이라고 여기는 것 같다. • 말을 고치고 되풀이하는 데 많은 시간을 허비하는 바람에 업무를 제대로 못해서 스트레스를 받는다. • 업무가 너무 느리다고 직장에서 여러 번 경고를 받았다.

이 목표에 도달한 후 얻은 것	• 완벽하게 정직하다는 확신이 들면 기분이 좀 나아진다. • 완벽하게 정직하게 행동했을 때 나 자신이 자랑스럽다. • 나는 '손톱만큼의 거짓도 없이 정직하게 생각하고, 말하고, 행동하라' 는 예수님의 말씀을 잘 따르고 있다.

자신의 득실 분석표에서 도덕적 목표를 하나하나 살펴보자. 그다음에는 이 목표의 성공률이 어느 정도인지 0(전혀 달성하지 못함)부터 10(매번 달성함) 중 하나로 점수를 매긴다. 결과가 어떻게 나왔는가? 목표에 달성할 성공률을 높이려면 어떻게 해야 하겠는가? 무엇을 더 희생해야 하는가? 그럴 가치가 있기는 한가? 현재 상태를 봤을 때, 도덕적 완벽주의를 고수함으로써 얻는 것이 잃는 것보다 많은가?

이 득실분석훈련의 목적은 도덕적으로, 혹은 종교적으로 완벽주의를 추구하는 것이 바람직하고 장점이 많으므로 필수불가결하다는 고정관념을 깨는 데 있다. 혹시 종교적 강박장애가 생긴 것이 상당 부분 도덕적 완벽주의 탓이라는 생각이 드는가? 만약 그렇다면, 지금 자신의 완벽주의적 사고를 더 건전한 목표와 가치로 바꿔야 한다. 이렇게 새로 정할 목표는 당신이 믿는 종교에서 추구하는 가치를 정확하게 반영하고, 당신의 강박적인 걱정과 두려움을 덜어주는 것이어야만 한다.

집중훈련 9-5

목표와 가치를 새로 정하기

이 훈련을 통해 도덕적 가치와 신앙 목표를 새로 정해보자. 〈집중훈련 9-4〉를 따라 하되, 첫 번째 칸에는 새로 정한 목표나 가치를 적고, 두 번째 칸에는 이 목표를 이루기 위해 지킬 방법을 적는다.

다음은 밥이 목회자와 치료사의 도움을 받아 완벽하게 정직해야 한다는 기존의 관념을 새로운 목표로 대체한 표다.

도덕적 목표 · 가치	• 사람들을 일부러 속이지 않고 내가 인지한 진실만을 말한다.
도덕적 목표 · 가치 에 도달하는 방법	• 나의 주관적인 생각임을 드러내지 않고 내가 기억하는 대로 옛날 일을 이야기한다. "확실하지는 않지만…." "음, 내 생각엔…." "내가 잘못 알고 있을지도 모르지만…."과 같은 표현을 피한다. • 아무리 의심스럽고 불안해도 같은 문장이나 같은 이야기를 되풀이하지 않는다. • 대화를 할 때 빨리 또박또박 말하고 입 밖으로 내뱉기 전에 단어 하나하나를 점검하지 않는다. • 사람들에게 내가 방금 한 말을 이해했는지 물어보지 않는다. • 기억이 얼마나 흐릿하든 나는 고의로 사람들을 속이지 않는다고 다짐한다.
심적 괴로움 의 정도 (0 ~ 100)	
성공의 정도 (0 ~ 100)	

불확실성 불인정

앞서 살펴보았듯이 과한 양심주의는 기력을 쇠하게 할 만큼 지나친 의심을 불러일으키는 경우가 많다. 종교적 강박장애 환자들은 이런 중증 의심이 들어 괴로울 때마다 그런 생각을 깨끗이 지우려고 절대적인 확신을 찾아 헤맨다.

에리카의 사례를 보자. 에리카는 자신이 씻지 못할 죄를 지어 성령을 실망시킨 건 아닌지 계속 강박적인 의심이 들어서 괴로워했다. 그러다 결국 이렇게 큰 죄는 주님이 용서하지 않으실 테니 자신은 영원히 지옥에 떨어질 거라고 확신하기에 이르렀다.

에리카는 강박사고가 의심의 형태로 나타난 일례다. 에리카는 자신이 엄청난 죄를 지었을까봐 한시도 걱정을 떨쳐내지 못했다. 즉 자신이 죄를 지었다고 단정한 게 아니라 그럴까봐 두려워한 것이다.

에리카의 강박사고는 항상 '내가 씻지 못할 죄를 지었을까?'라는 의문문의 형태로 머릿속을 맴돌았다. 그래서 에리카는 이런 의심을 덜어내려고 강박적으로 회개 기도를 하고, 사람들에게 어떤 생각이나 감정이 용서받지 못할 죄가 될 수 있는지 재차 물어봤다. 또 자신이 죄를 짓지 않았다는 확신이 들 때까지 기도문을 끝도 없이 되풀이해서 암송하곤 했다.

문제는 아무리 노력해도 만족할만한 수준의 확신을 얻지는 못했다는 것이다. 바로 그 때문에 의심과 고통, 반복적 강박행동이 조금도 수그러들지 않았다.

: 공정한 시각 키우기

먼저 강박적 의심을 완전히 타파할만한 수준의 확신을 얻는 것이 현실적으로 가능한지 생각해보자. 그런 다음에는 자신이 '주님을 기쁘게 해드렸다.'고, '죄를 짓지 않았다.'고, '정결한 마음가짐으로 예배를 드렸다.'고, 혹은 '모든 죄를 진심으로 회개했다.'고 분명하게 확인하려는 행동 자체가 오히려 역효과를 낳지는 않았는지 자문해보자. 확실성에 집착하는 행동이 의심을 없애기는커녕 오히려 실제로는 강박적 의심을 키우고 고통을 증폭시킨 게 아닐까?

집중훈련 9-6
확실성을 평가해서 기록하기

이 훈련은 확실성에 집착하는 잘못된 믿음과 평가내용을 개선하는 데 유용하다. 제일 먼저 할 일은 불확실성을 용인하지 못할 경우 강박사고에 어떤 영향을 미치는지 파악하는 것이다. 앞으로 일주일 동안 매일 하루에 한 번씩 강박사고가 떠오르는 시간과 확신 정도, 확신이 지속된 기간, 확신을 얻기 위해 희생한 것들, 그리고 그렇게 애쓴 후 얻은 것들을 기록한다.
다음은 에리카가 '내가 용서받지 못할 죄를 지었나?'라는 강박적 의심을 다스리기 위해 작성한 표다.

- 에리카의 강박적 의심 : 내가 영원히 지옥에서 고통받을 만큼 씻을 수 없는 죄를 지었나?

- 에리카의 확신 기준 : 주님을 잘 섬긴다는 성령의 확신을 얻어야 해. 내 잘못을 주님께서 용서하셨으니 불안하지도 않고 의심도 들지 않아야 해.

강박사고가 발생한 날짜·시각	9월 10일 오후 2시 35분	9월 11일 오후 8시 45분
확신 정도 (0=없음, 100=절대적으로 확신함)	64	35
확신이 든 기간	10분	3분
확신을 얻기 위해 희생한 것	• 목회자와 한 시간이나 전화로 상담했지만 아무런 소득이 없었다. • 목회자가 나를 지긋지긋해할 것이다. • 너무 불안해서 울어버렸다. • 용서받았다는 확신을 얻으려고 애쓸수록 의심만 커지는 것 같다. • 마음이 몇 분 정도 안정되었지만 다시 불안해지기 시작했다.	• 너무 절망적이어서 자살하고 싶었다. • 용서받았다는 확신을 얻기가 오늘은 특히 더 힘들었다.

강박사고가 발생한 날짜·시각	9월 10일 오후 2시 35분	9월 11일 오후 8시 45분
확신을 얻은 후 얻은 것	• 결국 용서받았다는 확신이 조금이나마 들었다. • 10분 정도 마음이 평화로웠다. • 새로운 성경 구절을 외웠다.	• 밀린 일들을 싹 잊어버렸다. • 집안일을 내팽개쳤다.

강박적 의심이 들 때마다 횟수를 센 후에 다시 표를 살펴보자. 몇 번이나 확실성 기준에 도달했는가? 엄청나게 노력했는데도 확신이 들지 않은 경우는 몇 번이나 되는가? 이런 확신이 몇 분이나 지속되었는가? 잃은 것이 얻은 것보다 많은가? 확신이 들 때까지 애쓰다보니 의심이 더 심해졌다는 증거가 있는가?

같은 맥락에서 불확실성을 인정하지 않는 자신의 태도를 공정하게 재조명할 수 있는 방법이 하나 더 있다. 바로 확실성 평가표를 들고 친한 성직자를 찾아가는 것이다. 모든 도덕적 결정과 신앙의 문제에서 절대적인 확신을 얻는 것이 현실적으로 가능한 일인지, 더 나아가 그것을 추구해야 하는지 그분과 상의해보자. 그 정도의 확신을 얻기 위해 당신이 지금까지 얼마나 노력했는지도 꼭 털어놓자.

그분께 주변의 다른 성직자들은 하나님의 죄 사함을 어떻게 체험하는지 물어봐달라고 부탁해도 좋다. 예를 들어 다른 성직자들도 의심이라는 걸 하는가? 그렇다면 어떻게 대처하는가? 그리고 조사가 끝났다는 연락이 오면 그분을 다시 찾아가 결과를 확인하자. 종교적 의심을 다른 생각으로 대체하려면 어떻게 해야 하는지 상의하는 것도 잊어서는 안 된다. 이렇게 생각을 바꾼 다음에는 그것을 연습장에 적어두고 앞으로 할 노출훈련에서 활용해보자.

최고의 종교적 헌신은 신앙에서 비롯된다. 확실성이 아니란 말이다. 확신에 집착하면 오히려 신앙을 경시하게 될 수 있다. 만약 생각을 조금만 바꾸면 신앙생활에는 확신보다 믿음이 중요하다는 사실을 직시하게 될 것이다. 그래서 에리카는 목회자의 조언을 듣고 이렇게 생각하기로 했다.

'사랑과 용서의 주님. 주님은 모든 이가 주님을 가까이하길 바라셔. 그러니까 용서받지 못할 죄라는 건 없어. 왜냐하면 그건 용서하시는 하나님의 품성에 어긋나니까. 주님을 섬기는 건 신앙의 문제이지, 이성적으로 토론하거나 확실성을 따질 수 있는 부분이 아니야.'

확실성에 대한 집착 뒤엎기

지금부터 두 가지 행동실험을 소개할 텐데, 이 실험들을 반드시 직접 해 봐야 한다. 그래야 역효과만 낳는 확신에 대한 집착을 버릴 수 있다. 첫 번째 실험은 불확실성을 인정하지 않을 때의 부작용을 자세히 알아보는 것이다.

우선 예전에 의심 없이 해냈던 일을 하나 고른다. 그런 다음 이제부터 일주일 동안 자신의 행동을 하루 종일 반복해서 의심하고 이 일을 완벽하게 완수했는지 재차 확인해보자. 이때 느끼는 감정을 잘 관찰하고 눈에 띄는 점을 모두 적어두자.

에리카는 이 훈련을 하기 위해 아침에 하는 양치질을 평가 대상으로 골랐다. 에리카는 아침에 양치질을 할 때 어떤 의심도 해본 적이 없었다. 일주일 동안 하루 종일 여러 차례 자신에게 물었다. '오늘 아침에 양치질을 했던가?' '양치질을 했는지 안 했는지 어떻게 알지?' '그냥 양치질을 했다고 상상하는 걸지도 몰라.' '어제 일을 오늘 일로 기억하는 거 아닐까?' '오늘 아침에 양치질하는 걸 까먹은 것 같아.' '양치질을 제대로 하지 않는 바람에 이빨 사이에 음식찌꺼기가 남아서 충치가 생길지도 몰라.' 이런 가짜 의심을 떨쳐내려고 오늘 아침에 양치질을 했다는 증거를 찾아보는 활동도 했다.

그 결과 새로운 사실을 발견했다. 바로 어떤 행동이든 의심이 생길 수 있으며 그런 의심은 구체적인 증거를 찾더라도 사라지지 않는다는 것이다. 확신을 얻으려는 노력은 의심을 부추길 뿐이었다.

모든 강박사고 오판유형이 그렇듯이 불확실성을 참지 못할 때 이 난관에서 벗어날 특효약은 바로 불확실성에 정면으로 부딪히는 것이다. 그러기 위해서는 강박적 의심을 의도적으로 반복해서 떠올리되 확신이나 위안을 찾으려는 행동은 억눌러야 한다. 이것이 바로 두 번째 행동 실험이다.

에리카에게 이것은 자신이 대죄를 지었는지 더욱더 의심하게 되는 상황에 스스로 뛰어드는 것을 의미했다. 그래서 에리카는 매일 적어도 한 시간 반씩 가만히 앉아서 죄에 대해 생각했다. 마음이 불편했지만 회개하거나 용서를 구하는 기도는 하지 않았다. 성경 구절을 암송하거나 사람들에게 확인받는 행동도 하지 않으려고 꾹 참았다. 그 대신 자신이 용서받을 수 없는 죄를 지었는지 의심하는 데 집중했다.

며칠이 지나자 에리카는 노출훈련을 하는 동안 느끼는 정신적 고통이 크게 줄어든 것을 알아챘다. 게다가 죄에 대한 생각에 계속 집중하는 것도 힘들어졌다. 반면에 확신을 찾아야 한다는 압박감은 훨씬 덜했다. 덕분에 의심도 크게 줄어들었다.

마침내 에리카는 교회에 다시 나가면서 예배에 적극적으로 참여할 수 있게 되었다. 짜증나는 의심이 사라지자 더이상 끝도 없이 확신에 매달릴 필요가 없어졌기 때문이었다.

사고통제

강박사고를 더 잘 할 수 있으면 완벽하게 억제해야 한다는 생각은 비단 지나친 양심주의뿐만 아니라 모든 강박사고 유형의 가장 보편적인 특징이다. 많은 강박장애 환자들이 강박사고가 드는 것은 정신력이 약하기 때문이라고 믿는다. 만약 자신이 보통 사람들만큼 강인했다면 강박장애가 생기지 않았을 것이라고 말이다.

이 생각에는 두 가지 문제점이 있다. 하나는 불쾌한 강박사고를 억제하는 것이 가능하다고 전제한다는 점이다. 나머지 하나는 강박사고를 열심히 억누를수록 강박장애 증상이 약해진다고 가정한다는 점이다. 하지만 그 반대라면 어떨까? 강박사고를 억제하는 것이 불가능한데다가 그런 생각을 억누르려고 애쓸수록 강박장애가 심해진다면?

220

: 공정한 시각 키우기

앞서 7장에서는 원치 않는 침투사고 혹은 강박사고를 억제하는 것, 즉 사고통제에 대해 알아보았다. 7장의 〈집중훈련 7-1〉에서 했던 백곰 검사를 기억해보자.

집중훈련 9-8
사고통제와 종교적 강박사고

〈집중훈련 7-1〉을 한 번 더 해보자. 다만 이번에는 백곰 대신 당신의 종교적 강박사고를 떠올린다. 먼저 2분 동안 이 강박사고를 열심히 생각하고 정신이 흐트러질 때마다 표시를 한다. 다시 2분 동안 이 강박사고를 생각하지 않으려고 노력하고 이 생각이 떠오를 때마다 표시를 한다.

마지막으로 분석해보자. 백곰보다 이 강박사고에 더 잘 집중했는가? 백곰보다 이 강박사고에 집중하기가 더 쉬웠던 이유가 무엇인 것 같은가? 이 강박사고가 더 중요하고 심각하기 때문인가?

이제 억제 연습의 결과를 살펴보자. 종교적 강박사고를 억제하는 것이 백곰 생각을 억제하는 것보다 더 어려웠는가? 왜 그럴까? 당신이 이 강박사고를 훨씬 더 중요하게 여기기 때문인가?

연습장에 강박사고를 통제하는 것이 중요한 이유를 간단하게 적어보는 것도 공정한 시각을 갖는 데 도움이 된다. 연습장에 당신의 생각을 적은 후에 같은 종교를 믿는 친한 친구나 가족에게 그들의 경우는 어떤지 물어보자. 그들은 종교적인 의심이 들면 어떻게 대처하는지 알아보자. 그들의 생각과 당신의 생각은 어떤 면에서 다른가?

스테파니는 독실한 천주교 신자다. 하지만 민망하게도 예수님과 성모가 동침한다는 내용의 불경한 강박사고가 들어서 몹시 괴로웠다. 이런 상상이 가장 자주 떠오를 때는 바로 성찬식이나 기도 시간, 혹은 누군가 신앙을 들먹일 때였다. 스테파니는 반드시 이런 생각을 머릿속에서 몰아내야 한다고 여겼다. 자기 자신이 추잡하게 느껴졌을 뿐만 아니라 이대로 가다간 불안감을 이기지 못하고 미쳐버릴 것만 같았기 때문이었다.

스테파니는 이러한 불경한 생각 때문에 신경쇠약에 걸려 정신병원에 가게 될까봐 무서워했다. 정말로 신경쇠약에 걸리면 마음속에 영원한 상처가 남을 뿐만 아니라 직장도 가족도 영영 잃게 될 터였다. 스테파니는 불경한 강박사고를 통제하느냐 못하느냐에 자신의 미래가 전적으로 달려 있다고 확신했다.

이에 스테파니는 자신의 강박사고를 수첩에 적고 주위 사람들에게 설문조사를 했다. 그 결과 다른 사람들도 예배시간에 음탕한 생각이나 상상이 불쑥 떠오른 경험이 있다는 사실을 알고 깜짝 놀랐다. 스테파니의 강박사고만큼 혐오스러운 내용은 아니더라도 어쨌든 그들도 의지에 반해 떠오르는 생각 때문에 불쾌감을 느꼈던 것이다.

그런데 이 사람들은 스테파니와는 의견이 달랐다. 즉 가만히 있으면 대참사가 일어날 테니 이런 생각은 반드시 차단해야 한다고 여기지 않았던 것이다. 대신 짧은 기도를 한 번 하고 말 뿐, '나머지는 주님께 맡겨버리면' 그만이었다. 강박사고를 억제하는 데 온몸을 바치는 것이 아니라 오히려 자연스럽게 들락날락하도록 내버려둔 것이다.

그들은 원치 않게 떠오르는 생각이 신앙을 위협한다고 생각하지 않는다고 말했다. 어떤 생각이 들든 자신의 의지에 반한다면 죄가 아니므로 억지로 내보낼 필요가 없다는 것이었다. 마치 이런 생각이 자신의 생각이 아니라 언젠가 들어본 적이 있는 남의 생각이라고 여기는 것 같았다.

실제로 이런 식으로 떠오르는 생각을 무시하는 것, 즉 내버려두는 것도 강박사고를 조절하는 또 하나의 방법이다. 예전에 사고를 통제하려 했을 때 깨달은 바를 토대로 사고통제의 역설을 자신에게 유리하게 활용하면 된다.

강박사고가 알아서 희미해지도록 방치하면 결국 생각도 덜 나고 마음도 편안해질 것이다. 물론 처음에는 강박사고를 내버려두기가 매우 힘들 것이다. 강박사고를 통제하고, 억누르고, 뿌리 뽑으려고 애쓰는 데 익숙해져 있을 테니 말이다.

이런 습관과 강박행동을 떨쳐버릴 수 있는 방법은 딱 하나뿐이다. 바로 다른 강박사고 조절방법을 쓰는 것이다. 강박사고를 억제하지 않을수록 더 빨리 사라진다고 생각하면 된다.

스테파니는 불경한 생각을 머릿속에서 애써 밀어냈을 때의 결
과와 아무 노력도 하지 않고 그런 생각이 저절로 사라지도록 기
다렸을 때의 결과를 비교했다. 그렇게 작성한 표는 다음과 같다.

상황 유형	사고통제 반응	심적 괴로움의 정도 (0 ~ 100)	불경한 생각이 든 시간
예배시간에 의식적으로 강박사고를 억제함	• 회개기도문을 반복해서 암송했다. • "성모여, 도와주소서."라고 계속 읊조렸다. • 불경한 장면 대신 십자가에 매달리신 예수님의 모습을 생각하려고 노력했다.	90	예배시간의 65% 동안 불경한 생각이 들었다.

224

상황 유형	사고통제 반응	심적 괴로움의 정도 (0 ~ 100)	불경한 생각이 든 시간
예배시간에 의식적으로 강박사고를 방치함	아무것도 하지 않고, 생각 혹은 장면이 떠올랐다가 저절로 사라지도록 내버려뒀다.	처음에는 95이었지만 예배가 끝날 때쯤 50으로 줄어들었다.	처음에는 강박사고가 계속 들었지만, 예배가 끝날 때쯤에는 다른 것을 생각할 수 있었다 (60%).
예배시간에 강박사고에 신경 쓰지 않음	아무것도 하지 않았다.	전체적으로 40 정도 괴로웠다.	예배시간의 25% 동안만 불경한 생각이 들었다.

　스테파니는 이 훈련을 통해 강박장애 증상을 치료하는 최선의 방법은 불경한 생각을 굳이 억제하려고 하지 않는 것임을 깨달았다. 그러자 스테파니의 강박사고는 시간이 지남에 따라 사실상 흔적도 없이 희미해졌다. 불경한 상상이 혐오스럽다는 생각은 변함없지만, 이제 강박사고를 없애려면 강박행동이나 다른 조절방법을 쓰지 말고 자연스럽게 저절로 사라지도록 내버려두는 것이 가장 효과적이란 것을 잘 알고 있다.

　좀더 빨리 치료의 효과를 내고 싶다면, 강박사고를 의식적으로 방치하는 날과 아예 신경 쓰지 않는 날을 번갈아가며 해보자. 강박행동, 상쇄행동, 사고통제를 하지 말아야 한다는 의식도 버리고 말이다. 종교적 강박장애를 약화시킬 수 있는 가장 효과적인 방법은 나만의 노출-대응 억제훈련을 짜는 것이다.

　이 훈련은 10장에서 설명할 노출 사다리를 만듦으로써 실행할 수 있다. 하지만 10장으로 넘어가기 전에, 마지막으로 지나친 양심주의를 치료하는 것과 관련해 짚고 넘어갈 문제가 하나 있다.

심리치료와 신앙상담, 둘 다 중요하다

종교적 강박장애를 치료하려면 심리치료와 신앙상담을 모두 받는 것이 매우 중요하다. 하지만 심리치료와 신앙상담을 적절하게 조합하는 것은 쉬운 일이 아니다.

일단 지나친 양심주의를 치료해줄 치료사를 선택할 때는 세 가지를 고려해야 한다. 먼저 치료사가 강박장애에 관한 지식과 경험이 풍부한 사람이어야 한다. 미숙하거나 경험이 없는 치료사의 손에 잘못 맡겼다가는 강박장애를 치료하기도 힘들 뿐더러 오히려 상태가 더 악화될 수도 있다.

둘째, 치료사에게 불안장애 인지행동치료의 실전 경험이 있어야 한다. 강박장애도 다뤄봤다면 금상첨화다. 심리치료 이론과 그 치료법은 수도 없이 많기 때문에 이 책에서 추천하는 인지행동치료법이 생소한 심리치료사도 적지 않다.

마지막으로 치료사가 종교적 강박장애를 존중하면서 거부감도 없어야 한다. 지나친 양심주의는 강박장애의 증상에 불과하므로 치료를 위해 굳이 치료사가 그 종교를 믿을 필요까지는 없다. 하지만 환자의 신앙을 존중하고 신앙생활과 강박장애 증상을 구분할 수 있어야 한다.

치료사는 그렇다 치고, 강박장애 치료를 목적으로 신앙상담을 해줄 성직자를 가까이에서 찾기란 하늘의 별 따기다. 더군다나 이때 신앙상담은 심리치료와 일맥상통해야 한다. 그렇지 않으면 환자는 상반되는 조언과 모순에 둘러싸여 더욱더 혼란에 빠지게 되기 때문이다. 그러므로 상담을 해줄 성직자는 강박장애를 어느 정도 잘 알고 심리치료사와 공동으로 작업한 경험이 있는 사람이어야 한다. 또 당사자인 환자가 보기에 자신의 신앙과 원칙을 잘 이해해줄 수 있는 믿을만한 사람이어야 한다. 그리고 무엇보다도 치료사와 성직자 모두 자신의 강박사고를 고쳐줄 것이라고, 지나친 양심주의를 바로잡는 데는 이 두 사람만큼 환상의 조합도 없다고 환자 본인이 확신해야 한다.

강박사고에 과감하게 부딪히자

9장의 목표는 강박행동, 상쇄행동, 회피행동을 점차 줄여가면서 위험성을 받아들일 대비를 하는 것이다. 그러니 지금쯤이면 경험과 정보에 입각해서 위험성을 논리적으로 계산하는 방법을 잘 알고, 현실 세계에 뛰어들 준비를 갖췄을 것이다. 만약 그렇다면, 이제 직접 부딪혀볼 타이밍이다.

자신이 이 위험성을 제대로 계산한 건지 여전히 의심스럽더라도 일단은 앞으로 나아가길 강력하게 권한다. 말로는 아무리 되뇌어도 마음에 와 닿지 않지만, 직접 해보면 금방 알게 된다. 직접 겪고 나서야 강박장애 평가내용이 바뀌는 사람도 있으니까 말이다.

반면에 이렇게 위험성을 분석하고 얻은 새 정보를 일종의 강박행동이나 상쇄행동에 이용하는 경우도 있다. 즉 위험성을 계산하는 작업을 불안감 해소수단으로 오용해 강박사고가 떠오를 때마다 잠깐 위안을 얻는 것이다.

이는 장기적으로 큰 도움이 안 되며 오히려 강박장애를 악화시킬 수 있다. 정말 극복하고 싶다면 머리로 아는 것을 넘어 실제 몸으로 부딪혀서 검증해야 한다. 자꾸 머뭇거릴수록 강박장애는 굳어져갈 뿐이다.

"용기란 두려워도
맞서서 나아가는 것이다."

- 사실 종교가 강박장애를 유발한다는 증거는 어디에도 없다. 하지만 종교적인 배경과 경험이 강박장애 환자의 강박사고 유형에 영향을 미치는 것은 틀림없다.

- 신학자들과 종교를 믿은 선학들은 고금을 막론하고 지나친 양심주의는 마음의 병이니 깊은 신앙심과 혼동해서는 안 된다고 경고한다.

- 강박장애의 악순환을 끊어내기 위해 제일 먼저 해야 할 일은 자신이 평가한 강박장애의 의미를 뒤엎는 것이다.

- 도덕성 평가는 생각보다는 행동에 의해 좌우되므로 나쁜 생각이 나쁜 행실과 도덕적으로 같을 수는 없다.

- 사전적 정의 그대로 해석하면 강박사고는 절대로 불순할 수 없다. 강박사고는 원치 않는데 내 의지와 상관없이 불쑥 떠올라 고통스럽게 하는 생각이기 때문이다.

Chapter 10

몸으로 부딪히면서 조금씩 줄여가자

점진적으로 줄여가는 전략의 원리 • 한 번에 한 걸음씩, 노출 사다리 올라가기 • 이 정도의 고통을 그대로 견디는 것은 위험할까? • 본격적으로 노출훈련 시작하기 • 노출훈련을 완수하기 위한 열쇠 • 노출훈련의 실전 요령 • 노출훈련 과정의 문제들과 해결 방법 • 노출훈련에서 가족의 역할 • 독한 방법을 쓰고 싶다면 이렇게 해보자

점진적으로 줄여가는 전략의 원리

필자들은 이 책 전반에 걸쳐 강박장애 환자 스스로 강박사고의 실체를 다른 시각으로 바라보는 것이 중요하다고 계속 강조하고 있다. 실제로 기존의 생각을 뒤집을 수 있는 가장 효과적인 방법은 바로 강박사고에 정면으로 부딪히되 강박행동이나 상쇄행동, 회피행동, 사고통제는 하지 않는 것이다.

　잘 알다시피 강박적 생각이 들면 마음이 심란하거나 괴롭기 때문에 위안을 얻기 위해서 혹은 더 나빠지지 않게 하기 위해서 강박행동이나 상쇄행동을 하곤 한다. 하지만 이것은 임시방편에 불과하다.

　물론 강박행동이나 상쇄행동으로 강박사고에서 도망치거나,

강박사고를 피해버리거나, 잠시 잠깐 위안을 얻을 수는 있다. 하지만 장기적으로 보면 강박사고의 실체를 조금도 파악할 수 없을 뿐만 아니라, 정신적 고통은 저절로 소멸한다는 사실을 영영 깨닫지 못하게 될 것이다. 그러면 강박장애는 절대로 사라지지 않는다.

반면에 강박사고가 떠오를 때마다 아무런 대응도 하지 않고 그저 흘러가는 대로 심신을 맡겨보자. 그러다보면 어렵지 않게 그 생각을 무시할 수 있다는 사실을 깨닫게 된다.

자기 자신을 강박사고에 노출시킨다는 것은 강박사고가 떠오를 때 어떠한 대처반응도 하지 않고 그대로 가만히 있는 것을 의미한다. 구태여 강박행동이나 상쇄행동을 하지 않아도 심적 고통은 저절로 점차 사그라지기 마련이다. 게다가 마음이 불편하지 않은 상태에서는 강박사고의 본질을 더 정확하게 평가해낼 수 있다.

이렇게 강박사고를 있는 그대로 흘러가게 두다보면, 갈수록 감정 반응이 약해져 더 빨리 평정을 찾을 수 있다. 무엇보다도 가장 큰 소득은 강박사고의 의미를 객관적으로 판단할 수 있다는 것이다.

한 번에 한 걸음씩, 노출 사다리 올라가기

강박사고가 일으키는 고통의 수준은 상황에 따라 천차만별이다. 특히 그 중에서도 가장 큰 영향을 미치는 요소는 강박사고가 언제 어디서 떠오르는지, 강박사고가 떠오를 때 어떤 기분이 드는지다.

지금부터 배울 노출훈련은 강박사고를 연상시키는 구체적인 상황을 목록으로 만드는 것부터 시작한다. 정신적 고통이 심한 순서대로 목록을 작성한다. 필자들은 이 목록을 '노출 사다리'라고 부르는데 사다리 맨 아래 칸의 상황부터 노출연습을 시작하기 때문이다.

맨 아래 칸은 그럭저럭 견딜만하겠지만 사다리를 한 칸씩 올라가 맨 위 칸에 도달하면 최악의 상황에 도전해야 한다. 즉 사다리 칸마다 강박사고를 의식적으로 떠올린 다음 아무런 대응도 하지 않는 연습을 할 것이다. 마음이 한결 안정될 때까지 계속 강박사고에 집중해야 한다. 같은 연습을 여러 번 반복하다가 그럭저럭 견딜만해지면 다음 칸으로 올라간다. 이런 식으로 사다리를 한 칸씩 올라가는 것이다.

강박사고가 충동적인 경우에는 그런 충동을 일으키는 상황에 뛰어들면 된다. 예컨대 운전중에 역주행을 하고 싶어지거나 지하철이 들어올 때 누군가를 밀어버리고 싶다면, 혼잡한 거리에서 운전을 하거나 지하철 승강장에 서 있는 연습을 반복한다. 강박사고가 사랑하는 사람을 해치는 것과 같은 끔찍한 장면인 경우에는, 그 장면을 의식적으로 머릿속에 계속 떠올리거나 연습장에 세밀하게 묘사하거나 그 장면을 연상케 하는 물건 혹은 상황을 가까이한다.

강박사고가 의심인 경우에는 의심이 들 때 아무 반응도 하지 말고 쓸데없는 잡념인 것처럼 행동한다. 가령 '내가 게이면 어쩌지?'라거나 '내가 소아성애자인가?'라는 의심이 든다면 그런 의심이 진실인지 거짓인지를 입증할 증거를 찾아다니지도, 특정 유형의 사람이 근처에 있을 때 성적으로 흥분하는지 자신의 몸을 관찰하지도 말고 그냥 태연한 척한다. 사실은 초조해 죽을 지경이라도 말이다.

이번 10장에서는 강박행동과 상쇄행동을 각자 할 수 있는 만큼 조금씩 줄여가는 계획을 세울 것이다. 이렇게 야금야금 진행해도 강박장애를 개선하는 효과는 꽤 좋다. 그런데 간혹 어떤 이는 모든 강박사고의 대처반응을 한칼에 끊어내기도 한다. 만약 당신도 그럴 자신이 있다면, 10장의 마지막 부분은 건너뛰어도 좋다. 그렇게 과감하게 모든 것을 포기할 자신이 없는 사람은 계속 읽어보자.

이 정도의 고통을 그대로 견디는 것은 위험할까?

스트레스가 계속되면 건강을 해치기도 한다. 하지만 자신의 의지로 강박사고를 마주했을 때 받는 스트레스가 병이 될 정도로 몇 년씩 지속되는 일은 없다. 노출훈련을 하는 동안 불안감 때문에 받는 몸의 고통은, 긴 계단을 올라갈 때의 과정과 비슷하다. 처음에는 고통이 크게 느껴지지만 30분 이내에 견딜만해진다.

어떤 경우든 처음 상태 그대로 한 시간 이상 지속되지는 않는다. 어떤 사람들은 강박사고가 떠오를 때 곧바로 강박적 의식행위를 하지 않으면 하루 종일 신경이 쓰여 다른 일에 집중할 수 없게 될까봐 걱정하는데, 다시 한 번 강조하지만 일상생활을 방해할 정도로 강렬한 그런 기분은 오래가지 않는다. 보통은 처음에만 심했다가 조금 있으면 기세가 꺾이기 마련이다.

더구나 노출훈련에 익숙해지고 나면 심적 고통의 등락 폭도 줄어들 뿐만 아니라 진정되는 속도도 빨라진다. 마침내는 강박사고가 떠올라도 그다지 불편하지 않아서 굳이 대처반응을 할 필요가 없어지는 것이다.

강박사고가 떠올랐을 때 임시방편으로 대응하는 것은 이보후퇴를 위한 일보전진과 같다. 그러므로 똑같은 상황에서 이보전진을 위해 일단 일보 후퇴하는 지혜를 발휘해야 한다.

나만의 노출 사다리 만들기

나만의 노출 사다리를 만들 때는 0(전혀 고통스럽지 않음)부터 100(최악)까지의 숫자로 정신적 고통 수준을 평가한다. 이 열 단계 사다리는 강박사고가 떠오르는 상황 열 가지로 구성되어 있는데, 어느 경우든 상쇄행동, 강박행동, 사고통제, 회피행동을 하지 않는 것이 규칙이다.

강박사고 상황은 덜 고통스러운 순서대로 1번부터 10번까지 배열한다. 즉 뒷번호로 갈수록 상황이 심각해져야 한다. 이는 어떤 경우든 상쇄행동, 강박행동, 사고통제, 회피행동을 하지 않는다고 가정했을 때의 점수임을 잊지 말기 바란다.

이해를 돕기 위해 대프니가 만든 사다리를 먼저 살펴보자.

상황	정신적 고통
10. 요양원에서 야간 근무를 하는 동안 환경을 깨끗하게 하지 않아서 노인을 다치게 할지도 모른다는 강박적 생각이 들 때	100
9. 요양원에서 자원봉사를 하는 동안 사람들의 발을 걸어 넘어뜨리는 강박적 상상이 들 때	90
8. 지하철 승강장에 서 있는 동안 사람들의 발을 걸어 넘어뜨리는 강박적 상상이 들 때	85
7. 혼잡해서 피해자가 많이 생길 법한 길거리를 걷는 동안 사람들의 발을 걸어 넘어뜨리는 강박적 상상이 들 때	80
6. 가족들과 함께 있는데 누군가를 다치게 할지도 모른다는 강박적 생각이 들 때	70

상황	정신적 고통
5. 주위에 젊고 건강한 사람이 많은 곳에 혼자 갔는데 사람들의 발을 걸어 넘어뜨리는 강박적 상상이 들 때	60
4. 강의실로 가는 길에 관리인이 내가 흘린 물건을 치우는 등 뒤처리를 해준다는 걸 아는데도 누군가를 다치게 할지도 모른다는 강박적 생각이 들 때	50
3. 친구들과 함께 있는 동안 사람들의 발을 걸어 넘어뜨리는 강박적 상상이 들 때	50
2. 누군가를 다치게 할지도 모른다는 강박적 생각이 들긴 하지만, 그 피해자가 나일 것 같을 때	40
1. 누군가를 다치게 할지도 모른다는 강박적 생각이 들긴 하지만, 그 정도가 심하지는 않을 것 같을 때	30

대프니의 사다리에는 주목할 점이 몇 가지 있다.

첫째, 대프니의 강박사고는 잠재적인 희생자가 얼마나 연약한지, 그런 행동을 하기가 얼마나 쉬운지, 자신이 저지를 사고를 중간에서 막아줄 수 있는 누군가가 주위에 있는지에 따라서 강도가 달라진다. 혼자 있을 때보다는 친구들과 함께 있을 때 더 잘 참아지고, 바닥을 닦아낼 관리인이 보이면 덜 불안한 것이다. 이런 효과는 사다리 배치에 그대로 드러난다. 그러므로 사다리를 만들 때 강박사고를 견디기 쉽게 혹은 어렵게 만드는 요소를 전부 고려하는 것이 좋다.

둘째, 이러한 상황은 모두 대프니가 일상적으로 흔하게 접하는 것들이다. 이는 순서를 정할 때 감안해야 할 중요한 요소다.

즉 사다리를 구성하는 상황은 적어도 일주일에 몇 번 이상은 경험하는 것들이어야 한다.

셋째, 대프니는 고통 수준이 가장 약한 상황을 빼버리고 심리적 고통이 중간 정도인 상황을 맨 아래 칸에 배치했다. 심적 고통이 너무 약하면 괴로움이 줄더라도 티가 나지 않는다는 이유에서였다.

일례로 개를 무서워하는 사람이 노출훈련을 하면서 귀엽고 복슬복슬한 강아지 사진을 보는 것부터 시작한다고 치자. 이는 가장 덜 무서운 상황이므로 이 사람은 개에 대한 자신의 감정 반응이 지나친 것인지 아닌지 결코 알 수 없을 것이다. 충분히 무섭지 않으니 그럴 수밖에 없다. 즉 정신적 괴로움이 줄어든 정도가 너무 미미해서 처음에 괜히 그렇게 무서워했다는 사실을 깨닫기에 충분하지 않은 것이다. 게다가 조금 어려운 것부터 시작하지 않으면, 사다리 훈련을 마치는 데 아주 오랜 시간이 걸린다는 문제점도 있다.

여기 후안의 사다리를 보자. 후안은 손자들을 칼로 찌르는 상상에 시달렸다. 그래서 끔찍한 이미지를 연상시키는 물건이나 사람 근처에 가지 않기로 했다. 특히 빨간색이나 폭력적인 TV 장면, 뾰족하거나 예리한 물건은 물론이고 아예 손자들도 피해 다녔다. 후안은 이런 것들이 떠오르기만 해도 겁이 났고 혹여 그럴 때는 그런 생각을 억누르느라 급급했다.

상황	정신적 고통
10. 부엌에서 손자들이 옆에 있는데 채소를 다듬을 때	100
9. 손자들이 옆방에 있는데 칼이나 다른 뾰족한 물건을 사용할 때	90
8. 폭력적인 내용의 영화나 책을 볼 때	85
7. 손자들이 가까이에 있는데 그런 장면이 떠오를 때	80
6. 손자들 사진을 보다가 그런 장면이 떠오를 때	70
5. 손자들이 옆에 없는데 칼이나 다른 뾰족한 물건을 사용할 때	65
4. 그 상상 장면을 말로 설명할 때	60
3. 빨간색 옷을 입고 있을 때	50
2. 손자들 이야기를 할 때	45
1. 아들의 빨간색 차를 운전할 때	40

다음은 앙케의 사다리다. 이 상황들 모두 목회자에게 확인을
받거나 반복해서 기도하는 등의 대응을 전혀 하지 않았다고 가
정하고 점수를 매긴 것이다.

상황	정신적 고통
10. 예배시간에 성경을 읽을 때	100
9. 교회에서 회개기도를 하는 중에 최고로 불경한 생각이 들었지만 그냥 내버려뒀을 때	90
8. 성경을 읽는 동안 최고로 불경한 생각이 들었지만 그냥 내버려뒀을 때	85
7. 최고로 불경한 상상을 말로 설명할 때	80
6. 최고로 불경한 상상을 글로 설명할 때	75

상황	정신적 고통
5. 교회에서 덜 불경한 장면이 떠올랐지만 그냥 내버려뒀을 때	70
4. 그룹으로 성경공부를 할 때	60
3. 무료급식소에서 자원봉사를 하는 동안 불경한 장면이 떠올랐을 때	50
2. 시간마다 하는 기도 도중에 방해를 받았을 때	45
1. 집에서 덜 불경한 장면이 떠올랐지만 그냥 내버려뒀을 때	40

이제 당신 차례다. 마음의 준비가 되었다면 이렇게 시작해보자. 자신만의 사다리를 만들 때는 우선 자신이 어떤 강박사고를 하는지 알아둬야 한다. 여러 강박사고 간에 공통점이 전혀 없다면 사다리를 따로따로 만들면 된다. 운전중 역주행에 관한 강박사고와 신성모독죄에 관한 강박사고처럼 말이다.

준비가 되었으면 〈집중훈련 10–1〉에서 본 것처럼 두 칸으로 나뉜 열 줄짜리 표를 그린 다음 위에서 아래로 10부터 1까지 숫자를 매긴다. 왼쪽 칸 맨 위에는 '상황'이라고 제목을 붙이고, 오른쪽 칸 맨 위에는 '정신적 고통'이라고 붙인다.

이제 자신이 어떤 강박사고, 상쇄행동, 강박행동을 하는지 생각해보자. 원한다면 연습장을 펼쳐 〈집중훈련 4–1〉과 〈집중훈련 4–2〉에서 그렸던 표를 참고해도 좋다.

어떠한 대처반응도 하지 않을 때 각 강박사고가 얼마나 큰 정신적 고통을 일으키는지 생각해보자. 이때 강박행동, 상쇄행동,

사고통제, 회피행동을 전혀 하지 않는다고 가정해야 한다. 그런 다음에는 강박사고를 더 괴롭게 혹은 덜 괴롭게 만드는 요소가 무엇인지, 상쇄행동이나 강박행동을 더 절실하게 혹은 덜 절실하게 만드는 요소가 무엇인지 생각해보자.

사다리 제일 위 칸인 10번 줄 왼쪽에 가장 고통스러운 상황을 적고 해당하는 고통 수준을 오른쪽에 적는다. 이 정도면 고통 수준이 90에서 100 사이일 것이다. 다음으로 제일 아래 칸인 1번 줄로 가서 불쾌하지만 그럭저럭 견딜만한 상황을 왼쪽에 적고 해당하는 고통 수준을 오른쪽에 적는다. 1번 줄로는 고통 수준이 30에서 40 사이인 상황이 가장 적당하다. 그다음에는 6번 줄로 이동한다. 여기에는 조금 더 괴롭지만 가장 심하지는 않은 상황을 적는다. 고통 수준이 60에서 70 정도면 딱 좋다. 똑같은 방식으로 나머지 줄들을 채운다.

강박사고가 일으키는 정신적 고통의 강도나 상쇄행동 또는 강박행동을 하고 싶은 충동의 세기를 점수 매길 때에는 여러 가지 요소를 기준으로 삼을 수 있다. 이제부터는 다음 단락에서 구체적으로 제시한 요령을 참고해 본격적으로 노출훈련을 시작해보도록 하자.

각 상황이 일으키는 정신적 고통이 어느 정도인지 잘 모르겠다고 해서 걱정할 필요는 없다. 이 사다리는 돌에 새길 것이 아니므로 필요하면 언제든지 순서를 바꿀 수 있다. 아니면 아예 처음부터 신중하게 결정해서 사다리를 그려도 좋다.

본격적으로 노출훈련 시작하기

사다리가 마련되었으니 이제 본격적으로 노출훈련을 시작할 시간이다. 노출훈련을 할 때는 첫걸음부터 마지막 열 번째 걸음까지 한 칸씩 차근차근 발을 떼면서 각 상황을 음미해야 한다.

대프니의 사례를 보자. 그녀는 이제부터 작은 사건을 일으키는 내용의 강박사고를 떠올리되 평소에 잘 써먹던 대처반응을 사용하지 않기로 결심했다. 그래서 북적이는 상가에서 쇼핑을 하거나 혼잡한 길거리를 걷는 등 그런 상상을 부추기는 장소를 일부러 찾아다니려고 한다. 그런 강박사고가 떠오를 때마다 그 생각에 집중하되 대처반응은 하지 않을 것이다. 대신 심란한 마음이 평정을 찾을 때까지 그 상태로 기다릴 것이다. 그런 다음에는 준비되는 대로 다시 그 상황에 뛰어들어서 아무런 대응 없이 강박사고가 떠오르는 대로 그냥 두는 연습을 할 것이다.

대프니는 틈나는 대로 이것을 반복하려고 한다. 만약 미리 작성한 훈련 표에 없던 강박사고가 떠오르더라도 여전히 대처반응을 하지 않을 것이다. 어느 시점부턴가 작은 사고에 관한 강박사고가 별로 신경 쓰이지 않는다면, 사다리의 다음 칸으로 올라갈 준비가 된 것이다.

후안 역시 이제부터 기회가 생길 때마다 아들의 빨간색 차를 운전하려고 한다. 운전중에 강박사고가 들더라도 습관처럼 나오던 대처반응을 하지 않도록 꾹 참을 것이다. 운전이 그다지 불편하지 않게 되면 사다리의 다음 칸으로 올라갈 것이다. 독자들도 이런 식으로 자신만의 사다리를 올라가면 된다.

노출훈련을 완수하기 위한 열쇠

노출훈련을 할 때 따라야 할 세 가지 기본 규칙이 있다.

• 노출훈련을 하는 도중이든 쉬는 짬이든 강박사고가 떠올랐을 때 절대로 대처반응을 하지 않는다. 꾹 참고 있다가 한 단계가 끝난 다음에 대처반응을 확 풀어내는 것은 잘못된 방법이다.

• 체감할 수 없을 정도로 괴로움이 줄어들 때까지 그 상황 속에서 기다린다.

• 노출훈련을 최대한 많이 반복한다.

조금씩 앞으로 나아가려면 이렇게 노력하자. 이 세 가지는 노출훈련을 완수하기 위한 열쇠들이다.

미리 계획을 세우고, 자주 반복한다

언제, 어떻게, 어디서 연습을 할 것인지 미리 결정한다. 그래야 일주일 내에 충분히 반복해서 효과를 볼 수 있다. 연습을 자주 할수록 진도가 더 빨리 나간다. 어느 연구 결과에 따르면, 하루에 한 번씩 열흘 동안 노출훈련을 하면 일주일에 한 번씩 열 주 동안 할 때보다 훨씬 더 효과적으로 마음의 평화를 유지할 수 있다고 한다.

그런데 간혹 스트레스가 줄어들지 않아서 노출연습을 몇 번 해보지도 않고 포기하는 사람이 있다. 하지만 이 점을 기억해야 한다. 이 연습을 자주 할수록 시작 순간의 충격은 점점 작아지고 사그라지는 속도도 빨라진다는 것을. 노출연습을 제대로 했는데도 고통이 줄지 않는 환자에게는 다른 대책이 필요하겠지만, 그렇지 않다면 이대로 따라오길 바란다.

노출훈련을 하는 것은 운동을 시작하는 것과 같다. 운동을 시작한 지 얼마 안 되었을 때는 힘에 부치고 효과도 별로 없어 보이기 마련이다. 하지만 계속하다보면 점차 익숙해지고 몸의 변화도 눈에 띄기 시작하는 것이다.

고통스러울 것이라는 마음의 준비를 한다

강박사고에 노출되면 고통스럽기 마련이므로 마음의 준비를 미리 해둬야 한다. 괴로움을 느끼는 게 바로 이 훈련의 핵심이다. 만약 정신적 고통이 없다면 노출훈련을 해봤자 아무 소득도 얻지 못할 것이다.

불안과 강박장애 치료 분야의 저명한 전문가인 마르틴 앤터니 박사는 정신적 고통을 받아들이고 대적하지 말 것을 조언한다.[29] 더불어 훈련의 성패를 노출훈련 동안 어떤 기분이 들었느냐가 아니라 어떻게 훈련을 했느냐로 가늠해야 한다고 한다. 잊지 말자. 이보전진을 위해 일보후퇴하는 것이다.

실생활에 적용한다

노출훈련의 규칙은 정해진 연습 시간뿐만 아니라 실생활에서 불시에 벌어지는 상황에도 적용된다. 대처반응을 하지 않고 참는 것을 연습 시간에만 국한한다면, 스스로 상황을 악화시키는 꼴밖에 안 된다.

일관성 없이 어떨 때는 잘 참다가 다른 때는 대처반응을 마음껏 써먹는다면, 자신에게 대처반응을 하지 않을 때는 마음이 심란하지만 대처반응을 할 때는 기분이 나아진다고 가르치는 셈이다. 그러면 당연히 다음번 연습이 더 어려워질 수밖에 없다.

충동에 맞선다

유명한 강박장애 치료 전문가인 게일 스테케테(Gail Steketee) 박사는 지금 진행하는 단계나 이미 완수한 단계의 노출상황에 처했을 때 대처반응을 하고 싶은 충동을 뿌리쳐야 한다고 조언한다.[30] 이런 상황에서는 임시방편인 대처반응을 통해 불안감을 떨쳐내고 싶은 충동이 간절해질 것이다. 그러니 미리 마음을 다잡아야 한다.

물론 그런 충동이 드는 것이 정상이지만, 절대로 굴복해서는 안 된다. 특히 스트레스가 심하고 욕구가 강렬할 때는 말이다. 마음이 심각하게 혼란스러울 때 대처반응을 해버리면 그 당시에는 크나큰 위안을 얻겠지만 다음번에 충동을 이겨내기가 훨씬 더 어려워진다. 충동을 이기지 못했다면 빨리 정신 차리고 노출연습을 다시 시작하자.

간혹 어떤 사람은 나중에 상쇄행동이나 강박행동을 쓰는 꼼수를 부려서 노출훈련을 설렁설렁 넘긴다. 하지만 이런 식으로 하면 결과적으로 노출훈련의 목적이 수포로 돌아가고 만다. 그렇기 때문에 노출훈련을 하는 동안 고통을 줄여보려고 애써서는 안 된다. 또 노출훈련의 목적은 궁극적으로 대처반응이 불필요하다는 사실을 일깨워주는 것이므로, 대처반응을 해버리면 노출훈련에 쏟아붓는 모든 노력이 다 허사가 된다는 사실을 꼭 기억해야 한다.

자기 속도대로 사다리를 오른다

훈련을 할 때는 자기 속도대로 진행해야 한다. 1번 상황을 며칠 만에 극복했다면, 다음 단계로 넘어가도 좋다. 이와 달리 규칙적으로 연습하는 데 일주일이 필요하다면 그 주를 충실히 활용하면 된다. 만약 일주일보다 더 걸린다면, 난이도가 조금 높아서일 수도 있으므로 강박사고 노출상황을 약간 더 쉬운 것으로 조정해보자.

가끔은 어떤 노출상황이 일으키는 정신적 고통이 어느 정도일지 잘못 예측하기도 한다. 즉 어떤 상황에 직접 노출되고 나서야 정신적 고통이 예상보다 크거나 작았음을 알게 되는 것이다. 그럴 때는 간단하게 그 상황을 적절한 사다리 칸으로 옮기고 새로 매긴 순서대로 지금 차례인 연습 단계를 진행하면 된다.

그렇다면 실생활에서 지금 단계보다 더 고난이도의 강박사고 상황에 맞닥뜨렸을 때는 어떻게 해야 할까? 스테케테 박사는 지금 연습중인 것보다 더 상위 단계인 노출상황에 직면했을 때는 대처반응을 활용해도 된다고 제안한다.[31] 다만 그럴 경우에는 가급적이면 상황이 지나간 후 가장 최근에 연습한 단계를 한 번 더 반복하는 것이 좋다고 한다. 대처반응을 참는 데 다시 익숙해지도록 말이다.

계속 복습한다

다음 단계로 넘어가더라도 전 단계들을 계속 복습해야 한다. 후안의 경우를 예로 들면, 후안이 대여섯 칸을 성공적으로 완수했더라도 아들의 빨간색 차를 운전하는 것과 손자들 이야기를 하는 것, 머릿속의 영상을 말로 설명하는 것을 다시 회피하기 시작할지도 모른다. 동시에 강박사고가 일으키는 불안감이 다시 부풀어오르고 다른 대처반응을 하고 싶은 충동도 다시 커질 것이다.

250

이는 후안으로서는 당연한 반응이다. 강박사고 때문에 심란했던 경험이야 부지기수겠지만 스트레스 없이 강박사고를 넘긴 것은 최근 몇 번에 불과할 테니 말이다. 이는 다른 사람들도 마찬가지다. 강박사고에 시달릴 때 마음마저 괴롭기보다는 그런 생각이 들더라도 영혼만은 평화롭기를 바란다.

자신에게 상을 준다

노출훈련에는 용기와 노력이 필요하다. 그러므로 한 단계를 성공적으로 마친 것을 기념해서 매주 자신에게 상을 줘보자.

이는 상당히 효과적이다. 새 음반을 사거나 외식을 하거나 거품 목욕을 하는 것 등을 목표로 정하면 된다. 자신에게 보상이 되는 것이라면 무엇이든 좋다.

앞에서 살펴본 대로 노출훈련을 성공적으로 완수하는 요령을 짧게 요약하면 다음과 같다.

노출훈련 가이드라인

① 한 주 동안 노출훈련을 규칙적으로 자주 반복하기로 계획을 세운다. 일정표에 시간을 표시해두고 무슨 일이 있어도 연습할

시간을 마련한다.

② 고통스러울 것이라는 마음의 준비를 한다.

③ 고통을 줄이려고 해서는 안 된다. 그대로 받아넘기자.

④ 대처반응을 하고 싶은 충동이 강하게 들 테니 미리 마음을 다
잡는다. 하지만 그런 충동에 굴복해서는 안 된다. 참지 못하고
의지가 꺾였다면, 빨리 정신 차리고 연습을 다시 시작하거나
난이도를 낮춰서 연습을 한다.

⑤ 노출훈련을 최대한 자주 하고, 사이사이의 공백 시간을 가급적
짧게 잡는다.

⑥ 처음에는 정신적 고통이 오랫동안 수그러들지 않을 것이다. 그
러나 실망하지 말고 계속 노력해야 한다.

⑦ 훈련의 성패를 노출훈련 동안 어떤 기분이 들었느냐가 아니라
훈련을 어떻게 했느냐로 가늠한다.

⑧ 자기 속도대로 진행한다. 그래야 대처반응을 하고 싶은 욕구에

굴복하지 않고 꾸준히 도전할 수 있다.

⑨ 이미 지나온 단계도 계속 복습한다.

⑩ 매주 노출연습 단계를 완수할 때마다 자신에게 상을 준다.

집중훈련 10-2
노출훈련하기

언제, 어디서, 어떻게 사다리에 첫발을 디딜 것인지 결정하고, 그 내용을 연습장에 적어보자. 확실히 시간을 확보할 수 있도록 노출훈련 일정을 일정표에 표시해둬도 좋다. 한 주에 적어도 네 번 이상 연습할 수 있게 계획을 짜고, 가능하다면 더 자주 해야 한다.

처음에 연습을 시작하기에 앞서 자신의 기대치와 연습 방법을 확실하게 숙지할 때까지 노출훈련 성공요령을 여러 번 읽어보자. 처음 한두 주는 연습이 힘들어 일과가 버겁게 느껴질 수도 있고, 짜증이 평소보다 더 심해지기도 한다. 하지만 끝까지 그렇지는 않다. 이 점을 명심해야 한다. 노출연습에 익숙해질수록 조금씩 쉬워질 것이다.

자, 이제 출발해볼까? 그런데 매번 노출연습을 하기 전과 후에 기록해야 할 것이 있다. 바로 다음의 세 가지다.

• 날짜와 시각

- 상황

- 심적 괴로움의 정도(0~100)

노출연습을 하는 동안에는 다음의 세 가지 사항을 특히 주의해야 한다.

- 계속 강박사고에 집중하고 심적 괴로움을 그대로 받아들여라. 어떤 경우에도 이 상황을 회피해서는 안 된다.

- '어렵긴 하지만 포기하지 않으면 성과가 있을 거야.' '기분이 유쾌하지는 않지만 위험하지도 않아.' '난 할 수 있어.'와 같은 말로 자신을 응원한다. 강박사고가 들 때 느끼는 위협을 일부러 무시하거나, 축소하거나, 외면해서는 안 된다.

- 앞으로 일어날 일이 아니라 지금 이 순간에 집중하자. 강박사고가 초래할 결과를 과대 포장해서 상상하면 안 된다.

충동을 이기지 못하고 대처반응을 했다면, 빨리 정신을 가다듬고 연습을 다시 시작하자. 그랬는데도 의지가 꺾였다면, 난이도를 낮춰서 훈련 내용을 수정한다. 이때 8장과 9장을 참고하면 대처반응을 하지 않고도 강박사고를 흘려보낼 수 있다는 자신감을 북돋울 수 있을 것이다.
첫 주가 끝나면 정신적 고통 수준이 시간이 지남에 따라 어떻게 변했는지 〈집중훈련 5-1〉에서처럼 그래프로 그려보자. 처음 시도부터 정신적 고통 수준을 그래프에 표시하자.
연습할 때마다 매번 다른 색깔로 그래프를 그린다. 십중팔구, 회를 거듭할수록 연습을 시작하는 순간에 느끼는 정신적 고통은 점차 작아지고 마음의 평정을 찾는 속도는 빨라질 것이다.

노출훈련의 실전 요령

노출훈련을 할 때 다양한 상황에 마주칠 수 있다. 따라서 10장에서는 흔히 일어나는 상황들과 각각의 대처방법을 알아보려고 한다.

언제 다음 칸으로 올라가야 할까?

어떤 단계에서 몇 차례 연습을 반복한 후에 정신적 고통이 20~25 정도로 줄어들어서 그 상황을 별다른 동요 없이 견딜 수 있게 되었다면, 이제 사다리의 다음 칸으로 올라가면 된다. 이때 단계마다 노출훈련을 언제, 어디서, 어떻게 할지 새로 계획하고 한 주에 적어도 네 번 이상 시간을 만들어야 한다.

사다리 꼭대기 층을 정복할 때까지 이 작업을 반복한다. 동시에 이미 끝낸 전 단계도 계속 복습해야 한다는 규칙을 잊어서는 안 된다.

강박사고가 꾸준하게 지속되면 어떻게 해야 할까?

가끔씩 강박사고가 거의 일정하게 지속될 때가 있다. 특히 강박사고가 의심의 형태로 나타날 때 이런 경우가 많다. 이런 강박사고를 극복하기 위해서는 그냥 견디는 수밖에 없다. 자신을 강박 사고에 노출시키되 매번 아무 반응도 하지 않는 것이다.

필자들은 온갖 종류의 의심이 사라지지 않아서 괴로워하는 사람들을 늘 접한다. 만약 이런 상황이 발생한다면 의심이 드는 대로 내버려두고 어떤 식으로도 대처하지 말아야 한다. 즉 주변을 점검하거나 사람들에게 자꾸 물어보는 등 의심을 해소하려는 행동을 하지 말라는 뜻이다. 물론 처음 몇 주는 상당히 힘들겠지만 여러 번 반복하다보면 꾸준한 노력이 빛을 발해 의심이 점차 약해지고 드물어질 것이다.

만들 사다리가 여러 개라면 어떻게 해야 할까?

간혹 사다리를 여러 개 만들어야 하는 경우도 있다. 바로 강박적 생각의 종류가 각양각색일 때 그렇다. 이럴 때는 사다리들을 한 번에 만들어놓고 같은 단계의 연습을 동시에 진행할 것을 추천한다.

필수불가결한 강박행동과 상쇄행동이 도를 넘는 순간은?

노출연습을 할 때는 어떤 반응이든 절대로 하지 않는 것을 최종 목표로 삼고, 대처반응이 나오지 않도록 꾹 참아야 한다. 하지만 대처반응을 하는 것이 정상적이거나 필수불가결한 경우도 있다. 가령 손을 씻거나, 기도를 하거나, 아이들이 안전한지 확인하는 것처럼 말이다. 이런 행동은 이성적인 판단('딸아이가 뒷마당에서 놀고 있었는데 아무 소리도 안 들리네.')이 아닌 강박적 두려움('딸아이를 껴안았을 때 나도 모르게 아이를 찔렀을지도 몰라')에서 비롯되어 지나치게 여러 번 되풀이할 때만 문제적인 강박행동으로 봐야 한다(2장 참고).

예컨대 어떤 강박장애 환자들은 한 시간에도 몇 번씩 손을 씻는다. 물론 적절한 수준의 청결을 유지하려면 손을 씻어야 한다. 하지만 정도가 과하면 강박장애가 된다.

대프니의 사례를 보자. 대프니는 간호사가 되려고 공부중인데 자신이 너무 덜렁대는 바람에 누군가를 다치게 했을 수도 있다고 늘 걱정한다. 그래서 약을 나눠줄 때는 약 종류와 용량을 확인하고 또 확인하곤 한다. 환자가 약을 복용하고 난 후에도 혹 자신이 실수를 했을까봐 또다시 약병을 확인하고 환자의 투약 기록을 찾아본다.

이러한 강박사고 때문에 주어진 시간 내에 업무를 마치지 못해서 누군가의 손을 빌려야 할 때가 많다. 물론 의료계 종사자라면 신중하고 양심적이어야 한다. 하지만 지나치게 꼼꼼한 대프니의 행동은 오히려 환자들을 잘 돌보는 데 걸림돌이 되고 있다.

앙케는 독실한 기독교 신자로, 신앙은 앙케의 생활 면면뿐만 아니라 아예 정체성의 일부로 자리 잡았다. 그런 사람이니 불경한 생각과 이미지가 떠오를 때마다 기도문을 외는 것도 당연하다. 기도 시간을 갖는 것은 신실한 기독교인에게는 매우 중요한 문제니 말이다.

하지만 앙케는 기도를 너무 자주 하는데다가 정신적인 소모가 매우 커서 오히려 신앙생활에 방해가 될 정도다. 물론 기도를 아예 하지 말라는 소리가 아니다. 기도는 앙케에게 중요한 신앙의 표현이니 금지할 수는 없다.

한편 켄지로는 어떨까. 켄지로의 네 살 난 아들은 땅콩 알레르기가 있다. 그래서 켄지로는 아들이 견과류에 노출되지 않도록 보호하기 위해 거의 집 밖에 못 나가게 할 정도로 엄하게 군다.

물론 아들이 견과류를 먹거나 몸에 닿지 않게 하도록 조심해야 하는 것은 사실이다. 하지만 켄지로의 경계심은 아들의 사회성과 정서 발달을 저해할 정도로 지나친 수준에 이르렀다.

그렇다면 적정선을 어떻게 찾아야 할까? 필자들은 환자에게 먼저 해당 강박사고의 전문가가 누구인지를 수소문하고 그를 '딱 한 번' 만나 적절한 행동기준을 정하라고 충고한다.

가령 대프니는 이제 자신이 소속된 간호학교나 건강관리센터에서 권장하는 기준에 따라서 자신의 행실을 평가하고 앞으로도 그 정도만 조심하면 될 것이다. 앙케는 목회자를 '딱 한 번' 찾아가 어떤 상황에서 얼마나 자주 기도해야 하는지 조언을 구하고 그 규칙에 따라서만 기도하면 된다. 켄지로는 알레르기 전문의와 상담해서 아들이 땅콩에 노출되지 않도록 언제까지 조심시켜야 하는지를 확인하고 그때까지만 꼼꼼하게 챙겨주는 것이 좋다.

이런 노력에도 불구하고 어느 정도의 모호함은 항상 남아 있기 마련이다. 이런 부분은 스스로 판단할 수밖에 없다. 어떤 행동을 하는 것이 적절한지 아닌지 매번 칼같이 확신할 수는 없으니 말이다. 이럴 때는 감에 의존해도 괜찮다. 경험상 강박장애처럼 느껴질 때는 그게 맞는 것이다. 즉 어떤 행위를 하고자 하는 욕구가 적절한 지침이 아니라 강박장애 때문에 생긴 것 같으면 그럴 가능성이 유력하다고 보면 된다. 그럴 때는 그 행동이 나오지 않도록 꾹 참아야 한다.

노출훈련 과정의 문제들과 해결 방법

이번에는 노출훈련을 하는 과정에서 흔히 발생하는 문제들과 각 해결 방법을 알아보자.

정신적 고통이 너무 약하다

만약 강박사고에 노출되었는데도 마음이 그다지 괴롭지 않다면, 이는 사다리 단계가 너무 낮다는 의미다. 그래서 그 상황이 노출 훈련에 걸맞게 충분히 큰 고통을 일으키지 않는 것이다.

사실 노출 사다리를 만들 때 정신적 고통이 어느 정도일지 늘 정확하게 예측할 수 있는 것은 아니다. 위협적이라고 생각한 상황이 실제로 부딪혀보면 그다지 끔찍하지 않을 수도 있으니 말이다. 그런 경우에는 간단하게 다음 단계로 넘어가면 된다.

그런데 고통이 약하다는 것은 노출훈련 동안 대처반응을 조금이라도 한다는 의미일 수도 있다. 그렇다면 자신이 노출훈련을 어떤 식으로 하는지 조사해볼 필요가 있다.

솔직히 마음의 짐을 덜기 위해 대처반응을 사용하지 않았는가? 후안이 용기를 내어 아들 차를 운전하다가 강박사고를 피하려고 음악을 크게 트는 것처럼 관심을 다른 곳으로 돌리려고 했는가? 아니면 대프니가 길에서 노약자를 해치는 강박사고가 들때 "두 블록만 더 가면 돼. 딱 두 블록이야. 거기까지만 가면 이 연습을 끝내고 그 생각을 마음껏 할 수 있어!"라고 계속 되뇌는 것처럼 자기위안을 했는가? 아니면 정말로 강박행동이나 상쇄행동을 했는가? 만약 처음에는 엄청났던 정신적 고통이 너무 빨리 잦아든다면, 자기도 모르게 상쇄행동이나 강박행동을 한 건 아닌지 스스로 의심해봐야 한다.

정신적 고통이 너무 심하다

조금 전에 지적했지만 어떤 상황이 얼마나 큰 정신적 고통을 일으킬지 예상한 것이 틀릴 수도 있다. 노출훈련을 하는 동안 불안감이 너무 심해서 대처반응을 쓰지 않을 수 없게 된다면, 노출 사다리에서 한 단계 내려오거나 강도가 좀더 약한 것으로 연습 내용을 고치면 된다.

정신적 고통이 수그러들지 않는다

오랫동안 몇 번이고 강박사고에 집중했는데도 정신적 고통이 수그러들지 않는다면, 난이도가 너무 높으니 한 단계 내려가라는 뜻일지도 모른다. 혹은 어떤 식으로든 상쇄행동이나 강박행동을 하고 있다는 신호일 수도 있다. 강박행동의 일종인 자꾸 점검하는 행위가 정신적 고통을 지속시키거나 심지어 악화시키기도 한다는 것은 연구를 통해 잘 알려진 사실이다.

예를 들어 노출연습을 하면서 자기합리화를 한다면 불안한 마음은 절대로 진정되지 않는다. 그러므로 그 일은 결코 일어나지 않는다거나 자신은 소아성애자 혹은 살인자가 아니라고 자기암시를 걸어서는 안 된다.

또 다른 경우로 그 상황의 일부분을 외면하는 상쇄행동을 하는 것으로 짐작해볼 수 있다. 가령 전체 상상 장면에서 강박사고의 핵심 내용인 '손자들을 살해한다.'는 행위 부분을 쏙 빼버리는 것이다. 하지만 이런 식으로 흔들리면 대처반응을 끊을 수 없다. 연습 시간에는 어떤 대처반응에도 의존하지 않고 강박사고에 온전히 집중해야 한다.

만약 앞서 제기한 두 가지 중 어느 쪽도 아니라면, 대처반응을 하지 않을 경우 초래될 결과를 걱정하느라 그렇게 되었을 가능성도 있다. 그렇다면 먼 미래의 일이 아니라 눈앞의 강박사고에 집중해야 한다. 지금 이 순간에 충실한 다음 나중 일은 나중에 처리하면 되니까 말이다.

노출훈련이 하루를 망친다

노출훈련을 한 후에 어떤 특정한 생각이 자꾸 떠오르는 경우가 있다. 물론 이 핑계로 노출훈련을 중단해서는 안 되고 하던 대로 대처반응을 계속 억제해야 한다. 잊지 말자. 연습을 반복하다보

262

면 강박사고는 점차 사라지기 마련이다.

　여기서도 핵심은 꾸준히 계속하는 것이다. 하지만 하다보면 가끔씩은 노출연습을 쉬고 싶어지기도 한다. 일진이 사나울 때는 자신이 나약하게 느껴져서, 운이 좋은 날에는 좀 즐기고 싶다는 이유에서다. 이럴 때는 이렇게 생각해보자. '이미 힘든 하루를 보내고 있다면 노출연습으로 좀더 힘들어진다고 해서 무슨 차이가 있겠는가?'

　게다가 컨디션이 나쁜 날에 노출연습을 하면 오히려 더 큰 효과를 볼 수 있다. 특히 기분이 최악일 때 강박사고를 극복해낸다면 귀중한 깨달음을 얻은 셈이므로 평범한 날이나 잘 풀리는 날에는 연습이 훨씬 쉬워질 것이다. 더불어 컨디션이 좋은 날에 노출연습을 하는 것 역시 상당히 효과적이다. 더 많은 것을 이루어 성공을 자축할 수 있으니 말이다.

불안증상이 압도적이다

사람들은 강박사고가 참을 수 없는 불안증세를 일으킬 때 자신에게 문제가 있다고 생각하곤 한다. 바로 공리가 그런 경우다. 공리는 어린이를 해치는 상상이 들 때마다 심장이 터질 듯이 뛰고 숨이 가빠오면서 속이 울렁거린다. 그럴 때면 심장마비가 오지 않을까 하는 걱정에 미칠 것만 같다. 이런 불안증상이 너무 극적이고 불편해서 노출훈련을 시도조차 못하고 있다.

이쯤 해서 이 문제를 극복할 방법 두 가지 정도를 알아보자.

첫 번째 극복방법은 불안증상이 '맞서 싸우기 혹은 도망가기 반응' 때문에 나온다는 사실을 알고 상기하는 것이다. 이 반응은 종족보존을 위해 태고적부터 전수되어온 일종의 본능인데, 일단 활성화되면 뇌가 생명의 위협을 감지하고 몸을 이 상황에서 벗어날 수 있는 상태로 무장시킨다. 그러면서 혈액이 사지말단에서 큰 근육들로 쏠리고, 이것이 손과 발의 저림으로 나타난다. 동시에 근육에 혈액을 더 많이 보내주기 위해 심장도 더 빨리 뛴다. 이렇게 심장박동이 너무 갑작스럽게 늘어나면 마치 심장마비처럼 느껴질 수가 있다. 혈액에 산소를 공급하기 위해서 호흡도 빨라진다. 그런데 얕은 숨을 헐떡이다보면 어지럽거나 정신이 혼미해질 수도 있고 질식할 것 같은 기분이 들기도 한다. 소화기능은 빨라질 수도, 느려질 수도 있다.

이 반응들은 모두 자연스러운 현상으로 전혀 위험하지 않다. 게다가 적당한 때가 되면 뇌가 이 반응을 중지시킨다. 그러므로 신진대사가 끝도 없이 빨라지는 일은 절대로 일어나지 않는다. 이런 증상들을 겪을 때 꽤 다채롭다거나 심장마비의 징조라고 생각했던 경험이 많겠지만, 사실은 그 중 상당수가 정상적인 불안중상인 것이다.

두 번째 극복방법은 강박사고 노출훈련과 정확하게 똑같은 방법을 통해 두려워하는 신체감각을 일부러 경험하는 것이다. 가령 심장이 빨리 뛰는 것이 두렵다면, 조깅이나 제자리걷기, 계단 뛰어오르기 등 심장박동수를 높이는 운동을 일부러 하고 그 느낌을 견뎌낸다. 숨이 가빠지는 것이 무섭다면, 코에 빨대를 꽂거나 입에 빨대를 물고 빨대로만 숨을 쉬어본다. 어지러운 느낌이 싫다면, 의자에 앉아 빙빙 돌면서 그 느낌에 익숙해진다. 이렇게 연습하면 곧 그 감각에 무뎌져서 괴로움이 크게 줄어들 것이다.

노출훈련에서 가족의 역할

스테케테 박사는 강박장애 환자들과 그 가족들을 전문적으로 치료하고 있다. 가족들이 환자를 재촉하거나 느리다고 비난하지 않고 노력과 성과를 응원하고 칭찬한다면, 강박장애 치료에 큰 힘이 된다고 말한다.[32] 환자가 노출연습 계획을 짤 때 힌트를 주거나 습관적인 대처반응을 그만두도록 가족들이 도와주는 것도 효과적이라고 한다.

보통 강박장애 환자의 가족들은 환자를 돕고 싶어하면서도 그 방법을 모른다. 하지만 사랑하는 사람이 힘들어하는 걸 가만히 지켜보는 것도 곤욕이다. 그래서 가족들은 재확인 요구에 몇 번이고 응하거나, 강박사고를 연상시키는 상황을 회피하도록 돕거나, 강박행동과 상쇄행동을 참아주거나, 환자가 하자는 대로 따르는 식으로 환자를 달래는 경우가 많다. 물론 그때 잠깐은 이 방법이 가족들에게도 편하다.

하지만 장기적으로 보았을 때 강박사고를 이런 식으로 눈감아주는 것은 강박행동이나 상쇄행동을 하도록 부추기는 것과 마찬가지다. 그러므로 강박사고가 떠오를 때 누군가가 도와주려고 한다면 그러지 말아달라고 환자 본인이 거절해야 한다.

지금까지는 강박사고 때문에 괴로운 마음을 달래고자 가족이나 친구에게 의존했더라도, 이제부터는 이들이 더이상 당신을 도와주지 못하게 해야 한다. 가족과 친구에게 이 책을 추천하거나 10장과 앞의 몇 장만이라도 읽어보도록 권하는 것도 좋은 방법이다.

이들도 당장 눈앞의 고통을 인위적으로 잠재울 경우 장기적으로 더 큰 고통을 겪게 된다는 사실을 알게 되면, 지금 힘들어하는 당신을 더 쉽게 모른척해줄 수 있을 것이다. 혹시 당신이 견딜 수 없어서 대처반응을 쓸 수 있게 도와달라고 부탁하면 어떤 식으로 정중하게 거절할지 미리 함께 상의해두는 것이 좋다.

266

그런 다음에는 당신도 마음의 준비를 해야 한다. 강박사고가 심해져서 누군가의 도움이 절박할 때 가족들이 당신의 요청을 거절하더라도 의연하게 받아들일 수 있도록 말이다. 당신이 강박사고로 힘들어할 때 가족들이 당신을 '구출' 하겠다고 나서지 않도록 막으려면 이렇게 해보자.

• 강박장애를 치료하려면 노출훈련이 필요하고 중요하다는 사실을 가족들에게 이해시킨다. 이 책을 추천하거나 10장과 앞의 몇 장을 읽어보도록 권한다.

• 당신이 가족에게 도움을 요청하거나 회피행동 또는 기타 반응에 어떤 식으로든 동참해달라고 부탁할 때 그들이 할 말을 미리 정해준다. 가령 이런 식이다. "우리 약속했지? 널 위해서 그러지 않겠다고. 만약 네 부탁대로 하면 나는 너의 강박장애를 도와주게 되는 거야." 혹은 "나는 네가 나을 수 있도록 네 부탁을 거절하기로 한 우리의 약속을 반드시 지킬 거야."

• 강박사고가 심할 때는 감정이 격해지겠지만, 꾹 참고 도움을 거절하는 가족을 비난하지 않는다.

- 가족들의 노고를 알아줘야 한다. 가족들 입장에서는 당신이 도 움을 요청할 때 백기를 드는 것이, 당신이 저항 없이 강박사고 대처반응을 해버리는 것만큼이나 쉬운 일이다.

- 가족들이 결과를 평가하려 들지 않고 그저 과정을 응원할 때 당 신에게 가장 큰 힘이 된다. 만약 이들이 두려움 가득한 당신을 놀리거나 무시한다면 치료에 전혀 도움이 되지 않는다.

- 가족들은 당신에게 훈련 목표를 상기시키고, 당신의 노력을 독 려하며 노출연습을 충실히 완수하면, 반드시 성과가 뒤따른다 는 사실을 잊지 않도록 해줘야 한다.

독한 방법을 쓰고 싶다면 이렇게 해보자

어떤 사람은 대처반응에 의지하던 습관을 하루아침에 그만둘 수 있다고 한다. 사실 이렇게 해도 별문제는 없다. 실제로 유명한 강박장애 치료 프로그램 몇몇은 이 방법을 권하기도 한다.

하루아침에 그만둔다는 것은 말 그대로 딱 끊어버리는 것이 다. 불안감을 달래려고 대처반응을 은밀하게 쓰지도, 강박사고를 모른 척하지도 말아야 하며, 대처반응을 하려는 충동이 들 때마다 매번 꾹꾹 억눌러야 한다.

예를 들어 금연을 결심하고 이 방법을 택하는 사람은 단 한 개비도 피우지 않는다. 이와 마찬가지로 강박사고를 이렇게 몰아내기로 결정했다면, 강박사고가 떠오를 때 써먹던 방법들을 남김없이 탈탈 털어버려야 한다.

강박사고가 떠오르면 불안하고 초조해질 테니 미리 마음을 다잡고 견뎌내자. 그리고 기분은 나쁘지만 위험하지는 않다는 사실을 항상 기억하자. 유혹에 굴복해서 대처반응을 보여서는 안 된다. 특히 심하게 괴로울 땐 더욱 결연해져야 한다. 그럴 때 이겨내면 보상이 클 뿐더러 다음번에 대처반응을 하지 않고 참는 것이 더 쉬워지기 때문이다.

> *"용기란 두려워도*
> *맞서서 나아가는 것이다."*

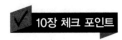

• 강박사고가 떠오를 때마다 아무런 대응도 하지 않고 그저 흘러 가는 대로 심신을 맡기다 보면 어렵지 않게 그 생각을 무시할 수 있다

• 강박사고를 있는 그대로 흘러가게 두다보면, 갈수록 감정 반응이 약해져 더 빨리 평정을 찾는다.

• 기존의 생각을 뒤집을 수 있는 가장 효과적인 방법은 바로 강박 사고에 정면으로 부딪히되 강박행동이나 상쇄행동, 회피행동, 사 고통제는 하지 않는 것이다.

• 강박사고에 스스로를 노출시킨다는 것은 강박사고가 떠오를 때 어떠한 대처반응도 하지 않고 그대로 있는 것을 의미한다. 구태 여 그런 반응을 하지 않아도 심적 고통은 점차 사그라지기 마련 이다.

• 노출훈련을 할 때는 첫걸음부터 마지막 열 번째 걸음까지 한 칸 씩 차근차근 발을 떼면서 각 상황을 음미해야 한다.

Chapter 11

달성한 목표를
유지하자

얼마나 나아졌는지 확인하기

강박장애를 극복했는지 판가름하는 가장 정확한 잣대는 강박사고가 들 때 어떻게 반응하느냐다. 강박사고가 사라졌느냐가 아니고 말이다.

누구나 가끔씩 강박적 생각을 한다는 사실을 잊지 말자. 보통 사람이 강박장애 환자와 다른 점은 단지 강박사고의 의미를 확대해석하지 않아 강박사고에 쩔쩔매지 않는다는 것이다. 그렇기 때문에 결국 문제만 악화시키는 대처반응을 쓰지 않고도 강박사고를 손쉽게 무시할 수 있다.

이 책을 통해 강박장애를 극복하는 연습을 시작한 이후로 얼마나 달라졌는지 파악하려면, 처음에는 증상이 어땠고 지금은 어느 정도인지를 비교하면 된다. 잠시 2장으로 돌아가보자. 〈집중훈련 2-2〉와 〈집중훈련 2-4〉, 〈집중훈련 2-5〉에서 강박사고가 얼마나 빈번하게 발생하고 신경 쓰이는지, 대처반응이 얼마나 절실하게 필요한지, 그리고 생각을 억제하느라 사고통제에 얼마나 의존하는지를 점수로 매겼다. 바로 이 세 가지 집중훈련을 다시 해보면 그때보다 얼마나 나아졌는지를 가늠할 수 있다. 만약 점수가 0이나 1에 가깝게 왼쪽으로 옮겨갔다면 어느 정도 발전한 것이 확실하다고 볼 수 있다.

만약 그다지 진척이 없거나 기대에 못 미치는 것 같다면, 노출훈련을 지속하고 생각들을 기록하는 습관을 유지하자. 그러면서 강박사고를 어떻게 잘못 해석했는지 짚어내고 더 객관적으로 재평가해야 한다.

심리치료사나 정신과의사와 같은 전문가의 손을 빌릴 수도 있다. 숙련된 전문가라면 당신의 증상에 딱 맞는 구체적인 치료 계획을 세워주고 치료에 방해가 되는 요소들을 해결하도록 도와줄 것이다. 상담을 받을 정신건강 전문가를 찾으려면 전화번호부를 뒤져보거나 인터넷에서 검색해보자. 도움을 받을 전문가를 쉽게 찾을 수 있을 것이다.

달성한 목표를 유지하는 비결

인지행동치료를 통해 달성한 목표를 유지하려면 먼저 노출 사다리에 적어넣었던 생각과 상황, 장소, 사람들을 계속 접해야 한다. 거미를 무서워하던 스테펀을 기억하는가? 스테펀이 치료를 받은 후에 다시 거미를 피한다면 십중팔구 거미를 향한 공포가 다시 커질 것이다. 거미가 무섭지 않았던 때가 무서웠던 때보다 훨씬 적으므로, 일단 거미가 눈에 띄면 무해한 생물이라는 사실보다는 공포의 대상이라는 기억부터 떠오를 게 틀림없다. 마찬가지로 노출 사다리 연습을 그만둔다면 예전의 뿌리 깊은 부정적인 기억들이 최근의 기억들을 덮어버릴 소지가 크다.

다음으로 할 일은 누구나 때때로 강박사고를 경험한다는 사실을 잊지 않는 것이다. 당신도 예외가 아니다. 가끔씩 강박사고가 머릿속에 떠오를 테고, 어느 때는 다른 때보다 심할 것이다. 따라서 강박장애를 극복한 후에도 여전히 이 책에서 배운 방식대로 강박사고에 대처해야 한다.

다시 말해 강박사고가 떠올라 마음이 심란해지면 자기 자신이 그 생각을 어떻게 해석하는지 점검하고 더 냉철하고 현실적인 시각으로 재평가해야 한다는 뜻이다. 절대로 과거에 애용하던 대처반응을 사용해서는 안 된다.

더러는 강박사고가 들 때 자꾸 검사하고 주변 사람들에게 확인받는 등의 옛날 방식으로 돌아가기도 한다. 이들은 바로바로 해결하는 맛에 중독되어, 이런 임시방편만 찾는 덫에 빠져 헤어나오질 못한다.

사실 이런 식으로 얻는 안정과 안도감은 꽤 커서 사용하면 할수록 강박사고가 들 때마다 재차 써먹게 된다. 이렇게 되면 대처반응을 꾹 참고 강박사고를 견뎌내는 방식은 점점 기피하게 되기 십상이다.

그러나 시간이 지나면 강박사고는 점점 끈질겨지고 효과적이었던 대처반응은 약발이 점차 떨어진다. 그러면 불과 몇 주 내로 사라지지 않는 강박사고와 더불어 시간 소모적인 강박행동과 상쇄행동이라는 이중고를 떠안게 되고 만다.

이런 악순환을 경계하고 달성한 목표를 유지하기 위해서는 앞으로도 어떤 강박적 생각이 떠오르든 강박행동, 상쇄행동, 사고통제, 회피행동을 하고 싶은 모든 충동을 철저하게 물리쳐야 한다. 옛날 방식을 다시 쓰기 시작한다면 강박장애가 당신을 제압할 것이다. 이렇게 옛날 방식의 유혹을 물리치려면 새로 배운 대응방법을 계속 복습해야 한다.

이 책의 내용과 집중훈련들을 손에서 놓지 말고 한 달에 한 번 정도 찬찬히 정독하기를 권한다. 더이상 강박장애로 괴롭지 않더라도 말이다. 이렇게 하면 강박장애에 기여하는 주요 요소들과 그 극복방법을 잊지 않을 수 있다.

재발한 강박장애 증상 관리하기

일상에서 스트레스와 불안감을 얼마나 느끼는가는 강박장애 증상에 큰 영향을 미친다. 업무 마감이 촉박하거나 출산예정일이 임박했거나 평이 부정적인 수행평가서를 받았을 때처럼 불안감이 증폭되면 누구라도 극도로 예민해지기 쉽다. 즉 별것 아닌 일이 극단적으로 느껴지는 것이다. 그러면 불쑥 떠오른 부정적인 생각과 같이 잠재적으로 위협이 될 수 있는 모든 요소에 과민하게 반응하게 된다. 그러므로 스트레스를 받으면 강박사고가 재발할 수 있고 때때로 더 심해져서 나타나기도 한다는 사실을 인지하고 마음의 준비를 해야 한다.

이와 관련해 스테케테 박사는 복귀(lapse)와 재발(relapse)을 구분해서 설명한다.[33] 스테케테 박사의 정의에 따르면 재발은 강박장애가 제대로 돌아온 것을 말하는 반면에, 복귀는 강박사고와 대처반응 충동이 일시적으로 되살아나는 것을 말한다.

강박장애가 '복귀' 했을 때는 다른 스트레스 상황에 처해 있는 경우가 대부분이다. 이때 강박사고와 대처반응 충동이 다시 든다고 해서 강박장애가 재발할 징조라고 여겨서는 안 된다. 그보다는 재발하기 전에 잠시 복귀한 것에 불과하니 아직은 거뜬히 통제할 수 있다고 보는 게 옳다. 이런 상황이 발생하더라도 강박사고를 어떻게 오판했는지 찾아내 재검토하고, 자신을 강박사고에 노출시키되 옛날 대처반응을 쓰지 않으며, 스트레스를 관리함으로써 강박장애 증상이 재발하지 않도록 충분히 예방할 수 있음을 꼭 기억하기 바란다.

이런 경우를 대비해 강박장애를 극복한 후에 그 상태를 유지하는 방법을 간략하게 정리해봤다. 이 중에서 앞부분은 치료를 통해 달성한 목표를 유지하는 방법이다. 가끔씩 이 항목들을 하나하나 읽어보고 개선된 상태를 유지하겠다는 결심을 다지길 바란다. 한편 뒷부분은 강박사고나 강박행동, 상쇄행동이 재발했을 때의 관리방법이다. 이런 상황이 실제로 발생하면, 이 목록의 항목 전부를 실천하기를 권한다.

달성한 목표를 유지하는 방법

- 정기적으로 노출 사다리 전체를 한칸 한칸 복습한다.

- 한 달에 한 번 정도 집중훈련을 모두 죽 훑어보고 기억하고 있는 강박장애의 실체와 그 극복방법을 다시 떠올리자.

- 강박사고가 얼마나 자주 떠오르느냐가 아니라 강박사고가 떠오를 때 어떻게 대처하느냐로 성공했는지 아닌지 평가한다.

- 생활 속의 스트레스 요인들을 줄이고, 바꿀 수 없는 스트레스 요인은 관리하는 기술을 연마한다.

강박장애 증상이 다시 나타났을 때 관리 방법

- 당황하지 않는다. 증상이 나타났다고 강박장애가 재발했다는 뜻은 아니다. 게다가 증상을 얼마나 잘 통제하느냐는 본인에게 달려 있다.

- 자신의 강박장애 평가유형을 구분하고 객관적인 시각을 유지해서 잘못된 확대해석을 버린다. 해당 장을 참고한다.

- 자신을 강박사고에 노출시키되 매번 아무 반응도 하지 않는다. 그 방법이 얼마나 간편하든, 얼마나 효과적이든 간에 임시방편

을 쓰고 싶은 충동을 억누른다.

• 생활 속의 스트레스 요인들을 줄이고, 바꿀 수 없는 스트레스
  요인은 관리하는 기술을 연마한다.

스트레스에 대처하기

스트레스를 받으면 강박장애 증상이 다시 고개를 들기 쉽다.
1999년에 스테케테는 증상이 재발하는 시점을 예측할 수 있도
록 스트레스 상황과 성가신 일상 잡무를 목록으로 만들 것을 권
유한 바 있다. 다음 훈련에서 바로 이것을 해보려고 한다.

집중훈련 11-1
스트레스 요인 파악하기

이 훈련에서 할 일은 강박사고와 대처반응을 하고 싶은 충동을 불러일으
키는 상황들을 목록으로 작성해보는 것이다.
어떤 일이 벌어졌을 때 대처하는 방식은 사람마다 천차만별이다. 또한
어떤 사람에게는 스트레스 요인인 일이 다른 사람에게는 그렇지 않기도

하다. 이런 이유로 이 목록을 채워나갈 때는 보편적인 스트레스 요인을 생각하면 안 된다. 그보다는 개인적으로 나의 심기를 건드리는 사건이나 상황을 골라야 한다. 한 가지 더 기억할 것은 아기 생일이나 승진, 더 큰 집으로 이사하는 것과 같은 경사도 적지 않은 스트레스를 일으킨다는 사실이다.

한편 어떤 일은 오래 시달리지 않는 한 스트레스 요인으로 느끼지 않는다. 이 훈련을 시작하기에 앞서 참고할 수 있도록 예를 몇 가지 들어보았다. 이 목록은 예시일 뿐이고 어디까지나 각자가 자신만의 다양한 스트레스 원인을 골라내도록 도와주는 데 목적이 있음을 유념하기 바란다.

가족 등 사적인 스트레스 요인

- 대규모 가족모임(크리스마스, 설이나 추석 등 명절)

- 가까운 가족 구성원의 질병(발병 또는 악화)

- 가까운 친구나 가족 구성원의 죽음

- 자신 또는 자녀의 결혼, 아기 생일, 이혼 또는 별거

- 배우자나 자녀와 사이가 나쁨

- 재정적 곤란

- 친구 또는 가족 구성원과 불화가 있음

- 이사, 대규모 집안 개조 또는 수리

- 바쁜 일상에 정신없이 쫓김, 가정과 일 모두 챙겨야 함

- 사회조직(위원회, 자선회, 스포츠팀, 연극반, 합창단 등)의 요구나 그 구성원과 잘 맞지 않음

- 인종 또는 종교 때문에 박해를 받거나 따돌림을 당함

- 우범지역에 거주함

- 사회적으로 고립됨

직장 관련 스트레스 요인

- 일이 따분하거나 어려움, 업무의 자율성이 제한됨

- 책임이 큰 업무를 맡음

- 승진, 좌천, 또는 낮은 근무평가서 점수

- 직장에서 감원 위기를 느낌

- 상사 또는 관리자가 까다롭거나 동료와 불화가 있음

- 일이 너무 많거나 너무 적음

- 사무실 내 역학관계가 비합리적이거나 주변에 소음이 심함

- 작업장이 너무 빡빡하게 돌아감

- 자기계발 기회가 한정적이고, 직장 만족도가 낮고, 월급이 적음

- 성희롱, 인종차별, 또는 기타 괴롭힘 등의 직장 내 불평등

- 일하는 현장에서 다칠 위험이 큼

연습장에 현재 겪고 있거나 앞으로 겪게 될 사적인 스트레스 요인과 직업 관련 스트레스 요인을 모두 적어보자. 다 적었으면, 목록들을 죽 훑어보자. 훈련하면서 이 스트레스 요인들의 세기가 변하거나 다른 요인이 더 생기면 강박장애가 다시, 더 자주 출몰할 수 있다는 사실을 유념해야 한다.

앞으로 당신이 할 일은 연습장에 적은 스트레스 요인들을 철저히 감시하는 것이다. 강박사고가 재발해도 당황하지 마라. 자신이 지금 스트레스 상황에 처해 있으며, 그렇기 때문에 한동안은 자주 강박장애 증상이 나타날 것임을 상기해야 한다.

스트레스를 줄이는 방법

스트레스는 어떤 상황이 내 능력보다 많은 것을 요구할 때 생긴다. 이럴 때 스트레스를 줄이는 방법은 두 가지다. 하나는 그 상황이 주는 부담을 줄이는 것이다. 그리고 다른 하나는 그 상황에 효과적으로 대처하는 방법을 개발하는 것이다.

상황이 주는 부담 줄이기

어떤 상황에서든 그 상황을 편파적으로 해석하면 스트레스를 받기 쉽다. 이 책에서 배운 기술들을 활용하면 어떤 생각이 스트레스를 일으키는지 짚어내고 객관적으로 봐도 스트레스를 받을만한 상황인지를 판별할 수 있다.

예컨대 상황을 잘못 해석해서 '늘 모든 사람을 즐겁게 해줘야해. 그렇게 하지 않으면 나는 나쁜 사람이야.'라든지 '나만의 시간을 갖거나 내 일정대로 일하는 건 이기적인 짓이야.' '누군가나에게 어떤 부탁을 하면, 꼭 들어줘야 해.'라고 생각하면 스트레스를 받을 수 있다. 이런 생각을 구분하고 분석해서 그 생각을 뒷받침하는 증거와 반증하는 증거를 비교해봐야 한다.

한편 자기 자신에게 무리한 요구를 할 때도 스트레스를 받기마련이다. 비슷한 상황을 가정해서 친구에게도 똑같은 요구를했을지 판단해보자. 만약 친구에게는 그러지 않는데 자신에게만비현실적인 의무를 부과한 것이라면 짐을 조금 덜어내면 된다.이런 식으로 받는 스트레스를 줄이기 위해 가장 먼저 해야 할 일은 나 스스로 상황을 왜곡해서 불필요한 스트레스를 만들고 있는 건 아닌지 반성하는 것이다.

물론 객관적으로 봐도 스트레스를 받을만한 상황은 많이 있다. 이럴 때는 상황을 바꾸거나 그 상황에 관여하는 정도를 조정하면 스트레스가 줄어든다. 예를 들어 여러 야구팀에서 활동하는 것보다는 한 팀에 충실하기로 결정할 수도 있고, 특별 행사에

286

서 집행위원 위촉 제안을 거절하고 자원봉사를 하기로 결정할 수
도 있다. 집에 손님을 초대하는 빈도를 일주일에 한 번에서 2주
에 한 번으로 줄이는 방법도 있다. 스트레스 원인이 인간관계라
면 상담을 받는 것을 고려해볼 수도 있다.

그런데 이렇게 상황을 바꿀 때는 우선순위를 매겨야 한다. 그
래야 득보다 실이 많은 활동이 무엇인지 분별할 수 있다. 설사
자발적인 의지로 한 활동일지라도 득보다 실이 더 많은 경우는
얼마든지 있다. 또 동시에 다른 대안을 찾아봐야 한다. 벗어날
방법이 없는 것 같아도 말이다.

카림의 사례를 보자. 카림은 자신의 가족에게 종교적인 모욕
을 주는 동네 사람들을 참을 수 없을 지경이다. 스트레스가 극심
하지만 이사를 가면 여기에 굴복하는 것 같아서 이러지도 저러
지도 못하고 있다.

카림은 이 상황에서 그가 받는 스트레스의 득실을 따져본 후
이런 식의 종교적 무례에 맞서 싸울 가치가 없다고 판단했다. 대
신 이 난국을 헤쳐나갈 다른 방법을 찾기 시작했다. 그 결과 더
개방적인 동네로 이사를 가되, 주변 공립학교들과 지역사회 행
사를 돌면서 종교적 배척주의에 항변하는 연설 활동을 하기로
결심했다.

누구나 살면서 스트레스를 받으면서도 벗어날 수 없는 상황을

겪는다. 힘든 직장이나 아픈 가족처럼 말이다. 이럴 때 부담감을 더는 방법 중 하나는 더 적극적으로 나서서 그 상황을 관리하는 것이다. 그러면 상황 자체를 통제하지는 못하더라도 그 일부분을 잘 조율해서 어느 정도 견딜만하게 만들 수 있다.

예를 들어 과중한 업무를 맡았다고 치자. 그러면 가장 중요한 일들을 먼저 하루 일정표에 배치한다. 그런 다음에 급하지 않은 음성메시지나 이메일에 답장을 보내는 등 덜 중요한 일들을 자투리 시간에 넣으면 더 많은 과제를 완수할 수 있다.

만약 중요한 일에 집중하고 있는데 누군가 당신에게 도움을 요청하면, 이렇게 말하고 처리하면 된다. "지금 이 건은 마감 시간에 꼭 맞춰야 해서 급한데, 오후 4시에는 여유가 좀 있으니까 그때 도와줄게요. 그 시간에 이야기해도 괜찮죠?"

혹시 가족 중에 환자가 있다면, 당사자나 간병인에게 정기적으로 전화할 시간을 미리 정해놓고 예정 외의 시간에 통화하는 횟수를 줄인다(물론, 응급상황은 예외다). 예고 없이 연락이 왔을 때는 이렇게 말하면 된다. "나 지금 뭐 하는 중인데, 오늘 밤에 전화할게. 그때 이야기하자. 그때는 찬찬히 이야기할 수 있어." 이와 비슷하게 심부름할 시간도 미리 정해두는 것이 좋다. 이런 식이다. "내일 빈 물병을 가지러 들를 때 책하고 네 실내복을 가져다줄게."

이렇듯 정신없이 바쁜 상황에서 중심을 잡는 또 다른 방법은 사람들에게 도움을 요청해서 할 일을 나누는 것이다. 이때 분담 내용은 아주 구체적이어야 한다. 가령 이렇게 말이다. "다음 주 금요일에 잡혀 있는 어머니 병원 예약이 두 건이야. 하나는 내가 모셔다드릴 수 있지만 두 번째 예약은 그러지 못할 것 같아. 네가 대신 모셔다드리면 정말 고맙겠는데."

상대방이 부탁을 다 들어주지 못하고 일부분만 협조하더라도 큰 도움이 된다. 예를 들면 이렇다. "널 데리러 거기까지 운전해 가지는 못해. 대신 전철역이나 버스 정류장에서 만날 수는 있어." 공손하지만 단호한 태도로 계속 부탁하면 사람들은 굉장히 쉽게 넘어온다.

한편 상대방의 태도 때문에 스트레스를 받기도 한다. 이럴 때 스트레스를 줄이자고 가족을 바꾸거나 직장 동료를 지배하는 것은 불가능하다. 다른 사람들의 행동도 마찬가지다. 그러나 사람들이 나를 덜 무례하게 대하도록 기준선을 정할 수는 있다.

직장동료 한 명이 나도 써야 하는 장비를 습관처럼 빌려간다고 가정해보자. 이 상황에서 어떻게 대처하느냐에 따라 스트레스가 증폭될 수도, 줄어들 수도 있다. 일단 이 동료를 최대한 피해 다니면서 온종일 혼자 투덜거리는 방법이 있다. 하지만 이 동료를 피해 다니려고 신경 쓰면서 분노와 좌절감을 삭히려고 애쓰다보면 오히려 스트레스만 더 받는다.

이런 상황에서 사람들은 보통 최후의 순간까지 꾹꾹 참다가 한 마디 내뱉으며 폭발한다. "넌 나나 내 시간을 완전히 우습게 보는구나!" 이렇게 말하면 상대방은 십중팔구 방어 태세로 나올 것이다. "널 우습게 보다니 무슨 소리야! 지난주에 마감시간 맞추는 거 도와준다고 내가 ○○를 해줬잖아!"

게다가 '사람을 우습게 본다.'는 표현은 너무 극단적이어서 수습할 방법이 없다. 이런 말을 내뱉고 나서 아무리 의논해봤자 소 잃고 외양간 고치는 형국일 것이다.

또는 이 동료가 진심으로 나에게 그 장비가 필요 없다고 생각했을 수도 있다. 즉 내가 어떤 프로젝트를 하고 있고 그 일을 마치려면 그 장비가 필요하다는 사실을 몰랐던 것이다. 그런 그에게 윽박질렀다면 이 동료와의 사이가 더 어색해질 것이고 심지어 영원히 화해하지 못할 수도 있다.

이런 상황에서는 적절하게 처신함으로써 스트레스를 줄일 수 있다. 비결은 바로 솔직하게 터놓고 대화를 나누는 것이다. 이때 반드시 동료를 무죄로 간주해야 한다. 즉 동료가 자신의 행동이 나에게 어떤 영향을 주는지 알면서도 일부러 그랬다고 여기지 말아야 한다. 본인에게는 절실해도 다른 사람 눈에는 그렇게 보이지 않는 경우가 비일비재하니 말이다.

무신경하거나 배려심이 없다고 느낀 타인의 행동이 사실은 단순히 몰라서 그런 것일 경우가 의외로 아주 많다. 그렇기 때문에 솔직한 대화가 필요한 것이다.

화가 나지 않았을 때 동료에게 다가가 문제점을 객관적으로 설명해보자. 설명할 때는 '사람을 존중하지 않는다.'는 식의 개괄적인 추측이 아니라, '장비를 사용할 시간이 부족하다.'는 등 구체적인 문제를 언급해야 한다. 그런 다음 희망사항을 제시한다. "나 요즘 프로젝트 ○○를 하고 있는데 매일 연달아 세 시간씩 그 컴퓨터를 써야 해. 너도 일 때문에 매일 그 컴퓨터가 필요한 것 같더라. 그러니까 우리 모두 필요한 만큼 사용할 수 있도록 일정표를 짜두면 어떨까?"

이 방법은 동기, 성격, 인간성 등을 들먹여 논점을 흐리지 않고도 동료에게 그 문제, 즉 매일 일정 시간 동안 그 컴퓨터를 사용해야 하는 나의 사정을 완벽하게 이해시킨다는 면에서 큰 장점이 있다. 이런 식으로 서로 만족할만한 해결책을 찾을 때까지 상의해서 문제를 해결하면 된다.

행동에 문제가 있는 가족과의 갈등도 비슷한 방식으로 해결할 수 있다. 가령 가족 중에 자꾸 가족모임에 참석할지 하지 않을지 알려주지 않거나 그런 모임에 빈손으로 나타나는 사람이 있다면, 고마운 줄도 모르느냐며 그 사람에게 화를 내고 싶을 것이다. 하지만 상대방을 뻔뻔하다고 단정하고 이런 반응을 보이면 직장 문제와 마찬가지로 사태를 악화시키고 만다. 게다가 상대방의 반항심과 변명만 부추길 뿐이어서 계속 이야기해봤자 나아지는 것이 없다.

그보다는 이렇게 말하는 것이 더 효과적이다. "다 같이 저녁을 먹을 건데 너도 오고 싶으면 샐러드나 디저트를 원하는 대로 가져와줄래? 그리고 수요일까지는 참석할지 하지 않을지 알려줘야 해. 그래야 음식을 준비할 수 있거든." 이렇게 하면 답을 주지 않고 식사 준비를 거들지 않는 문제 행동이 한 방에 해결된다. 그러려니 하고 혼자 삭히는 것보다 훨씬 쉽게 말이다.

살다보면 언젠가는 자기 일을 떠넘기는 데 익숙한 사람을 상대하게 된다. 이럴 때는 명료하면서 직설적인 대답으로 난관을 타개해야 한다. 불합리한 수준으로 도와달라는 요구를 하면 공손하게 "그건 안 되겠어요. 이번 주에 급하게 해결할 일들이 좀 있거든요."라고 대답하는 것이다.

아니면 부탁한 내용의 일부분만 들어줘도 된다. 이런 식이다. "조사를 대신 해줄 수는 없지만, 지금 하는 일이 끝나면 예전에 유용하게 썼던 조사항목 목록을 드릴게요." 핵심은 일관된 메시지를 전달하고 애원에도 굴복하지 않는 것이다.

이때 깨진 레코드판을 흉내 내면 꽤 효과적이다. 상대방이 간청할 때마다 정확하게 똑같은 대답을 되풀이하면 된다. 예컨대 동료가 "제발 이것 좀 도와줘. 아니면 난 끝장이야."라고 나오면 이렇게 대답한다. "그럴 수는 없어. 이번 주에는 내 일도 산더미 거든." 그러면 다시 동료가 "하지만 네 도움이 없으면 해낼 수 없어!"라고 말할 것이다. 그럴 때는 또 이렇게 대답한다. "그래, 나도 이해해. 하지만 어쩔 수 없어. 나도 이번 주에 끝내야 하는 일이 많아."

그런데 쟁점을 허심탄회하게 상의하고 나서도 상대방이 문제를 인정하지 않거나 해결에 동참하지 않는 경우가 간혹 있다. 예컨대 "글쎄, 나는 다음 주 내내 그 컴퓨터를 써야 하니까 넌 다른 방법을 찾아봐."라고 응수하는 동료나, 부탁을 무시하고 예고 없이 모임에 빈손으로 나타나는 가족이 이런 부류에 속한다. 이럴 때는 꾸준하게 여러 차례 부탁해야 한다. 포기하지 않고 끈질기게 시도하면 상대방도 점점 더 부탁을 거절하기가 힘들어질 것이다.

그럼에도 불구하고 소용이 없다면, 그 사람을 배제한 해결책을 강구해야 한다. 상관을 찾아가 "컴퓨터 사용 신청자가 많은데 기한을 맞추기에는 제 컴퓨터 할당 시간이 부족해서 프로젝트를 예정대로 끝낼 수 없을 것 같아요."라고 말하는 것도 그 중에 하나다. 아니면 이 사람이 내 희망대로 해주지 않을 것임을 수긍하고 앞으로의 일을 대비해야 한다.

지금까지 살펴본 대로 조정의 여지가 있을 때 스트레스 상황이 주는 부담을 줄일 수 있는 방법을 요약하면 다음과 같이 정리할 수 있다.

스트레스 상황이 주는 부담을 줄이는 방법

① 어떤 생각이 스트레스를 일으키는지 따져본다. 어떤 상황을 잘못 해석해서 스트레스를 받는가 아니면, 자기 자신에게 무리한 요구를 해서 그런가?

② 우선순위를 매긴다. 스트레스 상황을 계속 견디는 것이 이득인가, 손해인가? 이 상황을 바꾸는 것이 더 나은가? 그렇다면 상황을 바꾸자.

③ 이 상황을 통째로 바꿀 수 없다면, 어떤 부분을 조정할 수 있는지 확인한다. 조정할 수 있는 부분이 생각보다 많을 것이다.

④ 스트레스 상황을 최대한 능력껏 통제한다. 다음과 같이 해보자.

- 문제를 해결하기 위해 돌려 말하지 않고 명료하게 터놓고 사람들과 소통한다.
  - 개괄적인 추측 말고 지금 이 순간 직면한 구체적인 문제에 집중한다.
  - 일단 상대방을 무죄로 간주한다.
  - 나와 대화 상대 모두에게 득이 되는 해결책을 찾아본다.
  - 예의 바르게 처신하되 나의 뜻을 꾸준하게 여러 차례 전달한다.

- 우선순위가 높은 일을 언제 할지 미리 시간표를 짜두고 무슨 일이 있어도 이 시간은 양보하지 않는다.

- 불합리한 요구에는 공손하되 단호하게 거절하거나 감당할 수 있는 부분만 받아들인다.

- 사람들의 요청을 수락하는 빈도, 시간대, 상황의 기준을 정한다.
  - 사람들에게 계속 신경 쓰지 말고, 그들의 안부를 확인할 특정 시간을 정한다.
  - 다른 사람의 심부름이나 부탁을 들어줄 때는 아무 때나 수락하지 말고 가능한 시간대를 정한다.

- 내가 도움이 필요하면 비슷한 서열에 있는 사람에게 요청
한다.

⑤ 다른 사람들에게 이래라저래라 할 수는 없음을 기억해야 한다.
그들이 어떻게 해줬으면 좋겠다는 나의 뜻을 전달하는 것이 최
선이다.

바꿀 수 없는 스트레스 요인에 대처하기

스트레스 요인을 통제하는 데 한계가 있다면, 간단한 해결책이
하나 있다. 바로 그대로 받아들이는 것이다. 여기서 받아들인다
는 것은 스트레스를 일으키는 상황을 좋아하거나 용인해야 한다
는 뜻이 아니다. 그보다는 실제로 닥쳤을 때 당황하거나 격분하
지 않도록 자신이 어떤 상황에서 스트레스를 받는지 앞서 인지
하고 예측력을 키우는 것을 의미한다.

스트레스 예방

우선 할 수 있는 일은 스트레스 요인에서 탈출할 기회를 정기적

으로 만드는 것이다. 예컨대 쉬지 않고 일을 하는 게 아니라, 점심시간에는 쉰다든지 환자나 노약자 수발을 다른 사람에게 부탁한다든지 휴가를 간다든지 하는 식이다.

또 다른 예방 조치로 스트레스 요인에서 벗어나 재충전할 수 있는 취미를 갖는 것도 권할만하다. 양질의 취미 활동을 다양하게 즐기면 어느 한 활동이 전체적인 삶의 만족도와 행복지수를 지배할 수 없게 된다. 물론 이는 취미 생활이 또 다른 스트레스의 원인이 되지 않도록 적당히 열심히, 그리고 적당히 천천히 즐길 때에만 해당되는 이야기다.

세 번째 방법은 스트레스를 건전하고 긍정적으로 발산할 배출구를 두는 것이다. 친구에게 불만을 털어놓으면 스트레스가 풀리겠지만 그것도 어느 정도까지다. 게다가 스트레스에 너무 집착하면 스트레스 요인을 있는 그대로 받아들이지 못해 화만 더 치솟는다. 이런 상태로 자기 기분에 대한 이야기만 주로 한다면, 친구들이 하나둘씩 떨어져 나갈 것이다. 어떤 사람들은 직장에서 받는 스트레스를 쉬는 시간이나 점심시간에 동료들과의 수다로 털어낸다.

직장 내 고충을 누군가와 나누는 것도 물론 중요하다. 하지만 회사나 특정 동료 혹은 상사를 흉보는 데 열중하다 보면 해결책 없이 문제만 키우기 일쑤다. 게다가 이런 이야기가 오가는 동안

소문이 사실로 굳어져서 더 큰 오해를 양산하고 만다. 그러므로 밖에 나가서 볕을 쬐거나 산책을 하거나 책을 읽는 등 쉬는 시간과 점심시간을 더 건전하게 보내는 것이 바람직하다. 처음에는 무리에서 빠지면 안 될 것 같은 압박감을 느낄 것이다. 하지만 습관이 되면 그런 불안감은 사라진다.

스트레스를 배출하기 위해 운동을 하는 것도 훌륭한 선택이다. 운동은 걷기나 달리기처럼 혼자 해도 되고 팀 스포츠나 라켓 경기처럼 단체로도 할 수 있다. 혹은 에어로빅, 심폐강화운동, 근력운동 등 체육관에서 하는 운동도 많다.

지금까지 살펴본 것처럼 스트레스 요인을 바꿀 수 없을 때 느끼는 부담을 줄일 수 있는 방법을 요약하면 다음과 같이 정리할 수 있다.

바꿀 수 없는 스트레스 요인에 대처하는 방법

① 스트레스를 받아들인다. 스트레스는 짧은 시간 안에 바꿀 수 있는 성질의 것이 아니며 저항하기보다는 평생 짊어지고 적응해야 할 대상임을 인정한다.

② 무방비 상태에서 놀라거나 분노하지 말고 어떤 상황이 스트레

스를 일으키는지 미리 예상한다.

③ 스트레스를 예방한다.

- 스트레스 요인에서 벗어날 기회를 정기적으로 만든다.

- 스트레스 요인을 잊게 해줄 양질의 취미 활동을 다양하게 즐긴다.

- 스트레스를 건전하고 긍정적으로 발산할 배출구를 찾는다.

집중훈련 11-2
스트레스를 줄이고 관리하기

〈집중훈련 11-1〉에서 찾아낸 스트레스 요인들을 훑어본 후에 상위 다섯 개를 골라내자. 연습장을 펼쳐서 이 다섯 가지 요인을 한 페이지당 하나씩 적는다. 각 스트레스 요인마다 스트레스 요인 자체를 바꾸거나 일부를 조정해서 스트레스 세기를 줄일 수 있는 방법을 적어보자. 그리고 스트레스에 반응하는 방식을 바꿔서 스트레스에 대처하는 능력을 높일 방법도 적어보자. 이렇게 적은 아이디어들을 실행에 옮길 구체적인 계획을 짜보자.

독자 여러분은 이제 이 책을 완독했다. 그런 뜻에서 축하의 박수를 보낸다. 필자들이 엄선해서 공개한 정보와 비법이 쓸모가 있기를 바란다. 이 책에 소개된 그런 변화를 이루려면 엄청난 용기가 필요할 것이다. 그러니 이 말을 반드시 기억했으면 한다. 용기란 단순히 두려워하지 않는 것이 아니라, 두려움에도 불구하고 맞서서 나아가는 것임을.

"용기란 두려워도
    맞서서 나아가는 것이다."

- 강박장애 극복 여부를 판가름하는 가장 정확한 잣대는 강박사고 가 들 때 어떻게 반응하느냐이다. 강박사고가 사라졌는가, 그렇 지 않는가의 문제가 아니다.

- 스트레스를 받으면 강박사고가 재발할 수 있고 때때로 더 심해 져서 나타나기도 한다는 사실을 인지하고 마음의 준비를 해야 한다.

- 어떤 상황에서든 그 상황을 편파적으로 해석하면 스트레스를 받 기 쉽다. 이 책에서 배운 기술들을 활용하면 어떤 생각이 스트레 스를 일으키는지 짚어내고, 객관적으로 봐도 스트레스를 받을만 한 상황인지를 판별할 수 있다.

- 받는 스트레스를 줄이기 위해 가장 먼저 해야 할 일은 나 스스로 상황을 왜곡해서 불필요한 스트레스를 만들고 있지 않은지 반성 하는 것이다.

1   Clark 2004

2   Foa and Kozak 1995

3   Baxter et al. 1992

4   American Psychiatric Association 2000

5   Byers, Purdon, and Clark 1998; Purdon and Clark 1993

6   Marshall and Langton, 발표 예정

7   Weisner and Riffel 1960, p. 314

8   Abramowitz et al. 2003

9   Clark 2004

10   Rowa, Purdon, Summerfeldt, and Antony, 발표 예정

11   Rachman and Shafran 1999

12   Purdon, Rowa, and Antony 2004

13   1994b

14   Freeston and Ladouceur 1999

15   1994a

16   1994b

17   1994a

18   1994a

19   Purdon, Rowa, and Antony 2005

20   Clark 2004

21   Freeston and Ladouceur 1997

22　　Steketee, Quay, and White 1991

23　　Ciarrocchi 1995

24　　Greenberg 1984

25　　Said Nursi 1998

26　　Ciarrocchi 1995, p. 80

27　　Rachman and Shafran 1999

28　　Clark 2004; Rachman 2003; Morrison and Westbrook 2004

29　　Antony and Swinson 2000

30　　Steketee 1999

31　　Steketee 1999

32　　Steketee 1999

33　　Steketee 1999

★ 소울메이트는 독자의 꿈을 사랑합니다.

영화로 나를 치유하다

심리학자와 함께 가는 치유의 영화관

이계정 지음 | 값 15,000원

갈등을 통해 성장하는 우리의 모습을 영화를 통해 비추어본 심리서로, 누구나 경험할 수 있는 좌절의 순간들을 떠올리고 공감해준다. 나아가 독자들이 스스로 해결책을 찾아가기를 바라는 마음을 담았다. 영화 속 인물들의 심리를 들여다보면 자신의 감정을 자각할 수 있다. 있는 그대로의 자신을 수용하고 마음의 상처를 떠나보내자. 이 책을 읽고 나면 스스로 치유하는 힘을 얻을 수 있을 것이다.

사람의 성격을 바꾸는 성격 재탄생의 해답

어떻게 성격을 바꾸는가

헨리 켈러만 지음 | 마도경 옮김 | 값 15,000원

심리학에서 가장 핵심적인 문제인 사람의 성격이 어떤 과정을 거쳐 형성되는지를 규명한 책이다. 저자가 그간의 오랜 연구와 철저한 사례 분석을 통해 확인하고 설명한 성격 스타일은 모두 12가지로, 분노를 관리하는 독특하고 강력한 원리들을 철저히 분석했다. 자신에게 유용한 성격 스타일을 더욱 향상시키고, 도움이 되지 않는 성격 특성은 약화시킴으로써 성격을 지금보다 한 단계 업그레이드시킬 수 있다.

하루 5분 논어와 만나는 시간

내 인생에 힘이 되는 논어

권경자 역해 | 값 19,000원

『논어』 498장을 완역한 이 책은 특히 논어를 처음 접하는 입문자들에게 유용하다. 각 장마다 역해자의 친절한 강(講)이 달려 있어 어렵게만 느껴지던 『논어』 독해가 쉬워진다. 권경자 교수가 역해한 이 책은 친절한 '『논어』 읽기 지도'다. 원문을 최대한 현대어에 가깝게 직역한 후 단어를 풀이하고, 이해를 돕기 위해 강을 붙이는 등 이 책만으로도 『논어』라는 거대한 산을 등반하기에 어려움이 없길 바라는 역해자의 바람을 담았다.

옳다고 생각하는 원칙을 지키며 살아라!

소크라테스의 크리톤

플라톤 지음 | 김세나 옮김 | 값 12,000원

이 책은 플라톤이 남긴 소크라테스의 최후의 행적을 담은 4대(『변론』『크리톤』『파이돈』『향연』) 대화편 중 하나로, "국가와 법의 명령에 무조건 복종해야 하는가?"라는 주제를 소크라테스와 크리톤의 대화를 통해 다루고 있다. 탈옥을 권유하는 크리톤에게 소크라테스는 국법의 관점에서 반박논변을 펼친다. 이를 통해 삶을 살아가는 것이 아니라 잘 살아가는 것을 더 중요하게 생각하는 것이 의미 있다는 가르침을 준다.

과도한 불안은 조절할 수 있다!
불안에 대한 거의 모든 것

유상우 지음 | 값 15,000원

이 책은 사회불안을 중심으로 특정공포, 범불안(GAD)을 비롯한 '나를 좀먹는 불안'의
실체와 치료법을 소개하는 안내서다. 불안장애 및 공황장애 전문가로서 다수의 불안장
애 환자들을 치료해온 저자의 실제 상담 사례를 수록했으며, 인지훈련·노출훈련·호
흡훈련·이완훈련 등 확실하게 효과가 검증된 치료 방법들도 소개하고 있어 불안을 겪
고 있는 사람들에게 실질적으로 도움을 준다.

심리학, 이보다 더 쉬울 수 없다!
처음 시작하는 심리학

조영은 지음 | 값 16,000원

80개의 심리학 개념어를 모아 체계적이면서도 쉽고 재미있게 풀어낸 심리학 입문서다.
가장 기본적이고 핵심적인 것들만 엄선해 심리학을 공부하기 시작한 독자들이 이 책을
통해 탄탄한 기초를 잡을 수 있도록 도와준다. 또 각 이론의 정의와 특징을 단순히 나열
하는 것이 아니라 일상생활에서 한 번쯤 경험했을 만한 심리학적 현상, 각각의 이론과 관
련된 흥미로운 실험까지 다루어 설명함으로써 누구나 한 번에 이해할 수 있도록 했다.

음악평론가 최은규의 클래식 감상법
클래식을 좋아하는 사람이라면 꼭 알아야 할 52가지

최은규 지음 | 값 16,000원

이 책은 클래식 감상의 즐거움을 극대화해줄 매력적인 클래식 입문서다. 음악칼럼니스트
로서 월간 〈객석〉과 네이버 캐스트 등 여러 매체를 통해 활동하고 있으며, 음악평론가로
서 연합뉴스 등에 주요 음악회 리뷰를 기고하는 등 다방면에서 활동중인 저자가 써내려
간 클래식 이야기는 클래식 감상의 또 다른 세계로 독자들을 안내한다. 클래식 감상의 묘
미를 더하는 저자의 매혹적인 이야기는 클래식 감상의 수준을 한 단계 끌어올린다.

중독자와 그 가족들을 위한 최고의 지침서
사랑하는 사람이 중독에 빠졌다면

제프리 푸트 외 지음 | 신성만·정금년·조용혁 옮김 | 값 18,000원

이 책은 중독치료 분야 최고의 지침서로, 뉴욕의 중독치료센터인 CMC에서 실제로 실시
하고 있는 근거중심 치료법인 'CRAFT'를 중점적으로 다룬다. 실제 CMC에서 중독치료
분야에 헌신하고 있는 저자들은 기존의 중독치료와 달리 가족의 개입이 중독자를 도와
줄 수 있다고 강조하며, 실제 사례와 연구 결과를 통해 얻은 유용한 전략과 정보들을 알
기 쉽게 소개해준다.

꽃 그리기, 이보다 더 쉬울 수 없다

누구나 쉽게 따라 하는 꽃 그리기

김규리 지음 | 값 25,000원

이 책은 처음 꽃을 그리는 사람이어도 보다 쉽게 꽃 그림을 그릴 수 있도록 구성했다. 실제로 그림을 그리기 전에 알아두어야 할 기초 지식들을 상세히 설명해주어 기본기를 확실하게 잡을 수 있게 했으며, 기존의 책들과는 달리 다양한 꽃들을 풍부하게 다루어 종류별로 충분히 연습할 수 있도록 했다. 이 책에 나온 다양한 꽃들을 따라 그리다 보면 어떤 꽃을 마주하더라도 당황하지 않고 자신 있게 그림을 그리게 될 것이다.

영화를 통해 심리학, 정신병리를 들여다본다!

영화 속 심리학 2

박소진 지음 | 값 16,000원

이 책은 영화 속의 등장인물들을 통해 '정신병리'를 보다 쉽게 이해하고 접근할 수 있도록 했다. 전 세계에서 공식적으로 통용되는 '정신질환 진단 및 통계 편람(DSM-IV와 DSM-5)'의 진단체계와 심리학자 칼 융(C. G. Jung)의 '분석심리학'을 기반으로 영화 속 등장인물들을 분석하고, 저자의 실제 상담사례와 의견도 곁들였다. 친숙했던 영화에 낯설었던 정신병리가 접목되어 정신병리의 기초 지식을 쌓는 데 좋은 기회가 될 것이다.

이 시대의 아버지들을 위한 필독서!

좋은 아버지로 산다는 것

김성은 지음 | 값 14,000원

이 책은 부성(父性)과 아버지 역할, 부부관계 분야의 탁월한 전문가인 김성은 교수가 제안하는 일종의 '좋은 아버지가 되는 길'로의 안내서다. 저자는 이 책에서 아버지들의 진솔한 삶의 이야기와 아버지들의 부성에 대한 이론 및 연구들을 바탕으로 지금 시대에 좋은 아버지로 살아간다는 것은 과연 어떤 것인지에 대해 차근차근 풀어나간다. 이 책을 통해 좋은 아버지로의 여정으로 한 발 내딛을 수 있을 것이다.

소크라테스의 진면목이 압축된 불멸의 고전!

소크라테스의 변론

플라톤 지음 | 김세나 옮김 | 값 13,000원

이 책은 소크라테스의 법정 변론을 그의 제자 플라톤이 정리한 불후의 명저로, 소크라테스가 처형된 후 몇 년에 걸쳐 집필되었다. 인간으로서 훌륭한 덕을 취하고자 노력하고, 끊임없이 반성하며 살아가는 것이 소크라테스 철학의 요체였기에, 그의 변론과 증언은 진정한 삶과 지혜란 무엇인지 일깨워준다. 부와 명예에 눈이 멀어 내면의 가치와 진실이 외면당하는 요즘, 소크라테스의 외침은 우리에게 깊은 깨달음을 줄 것이다.

가족 문제의 해결을 위한 아들러의 메시지

위대한 심리학자 아들러의 가족이란 무엇인가

알프레드 아들러 지음 | 정영훈 엮음 | 신진철 옮김 | 값 15,000원

개인심리학의 창시자이자 프로이트, 융과 함께 세계 3대 거장으로 손꼽히는 알프레드 아들러는 삶의 문제가 언제나 생애 초기의 가족 경험에서 시작된다고 주장한다. 아울러 삶의 의미가 어떻게 형성되고 서로 어떻게 다른지 이해하는 것이 중요하다고 재차 강조한다. 이 책은 가정 내 역할, 올바른 양육 방식, 그리고 가족문제가 발생하게 된 최초의 오류를 찾는 데 도움이 될 것이다.

하나만 다르게 행동해도 인생이 달라진다!

해결중심치료로 상처 치유하기

빌 오한론 지음 | 김보미 옮김 | 값 15,000원

미국 심리학계의 거장 빌 오한론은 '해결중심치료법'이라는 새로운 치료법을 만들어 미국 내에서 상당한 성과를 보이며 큰 인기를 얻었다. 이 책은 그러한 빌 오한론의 해결중심치료법을 다룬 책이다. 이 책에서 제시한 해결중심치료법을 마음에 새겨 행동으로 옮겨보자. 당신의 머리를 아프게 했던 다양한 문제들의 해결책이 그리 어렵지 않음을 알게 될 것이다.

남과 나를 비교하지 않는 용기가 필요하다!

왜 나는 계속 남과 비교하는 걸까

폴 호크 지음 | 박경애 · 김희수 옮김 | 값 15,000원

많은 사람들이 다른 사람과 자신을 비교하면서 스스로를 '형편없는 인간'이라고 단정짓는다. 세계적인 임상심리학자이자 이 책의 저자인 폴 호크는 열등감은 남과 자신을 비교하는 것에서 비롯된다고 강조한다. 이 책은 자기수용을 하지 않고 주변 사람들의 평가에만 귀 기울이는 것이 신체적 · 육체적으로 어떤 부정적인 결과를 낳는지 설명하고, 열등감을 극복하기 위한 구체적인 방법을 인지정서행동치료에 기초해 제시한다.

중독 가정 아이들을 위한 단 한 권의 책!

중독 가정 아이들이 회복에 이르는 길

제리 모 지음 | 김만희 · 정민철 · 구도연 옮김 | 값 15,000원

이 책은 저자가 그동안 어린이 프로그램을 운영하고 개발하면서 느낀 것들과 함께 아이들을 치유하는 데 도움을 줄 수 있는 노하우, 아이들이 알아야 할 중요한 원칙과 교훈, 회복과 치유에 성공적인 방법과 피해야 할 위험요소, 실제로 적용해볼 수 있는 프로그램 활동 등을 잘 정리해놓은 개요서다. 프로그램에 참여한 가족과 아이들의 실제 사례가 담겨 있어 그 내용이 매우 생생하게 전달된다.

관계 회복의 첫걸음은 바로 당신 안의 용기다!

관계를 회복하는 용기

박대령 지음 | 값 15,000원

현대 사회에서 관계를 맺는 일에 상처를 받았거나 괴로워했던 사람들이 자신을 사랑하고 타인과 원활한 관계를 맺을 수 있는 심리학적 실천 방법을 다룬다. 먼저 나 자신을 사랑하고 스스로 관계를 맺는 방법부터 타인과 소통하는 방법, 더 나아가 세상을 보는 눈을 기르는 방법까지 소개한다. 대인관계 문제로 고민한 적이 있다면 이 책에서 자신의 문제를 발견하고 제시된 해결법을 통해 인생의 새로운 차원을 열 수 있을 것이다.

인간에 대한 위대한 통찰

몽테뉴의 수상록

몽테뉴 지음 | 안해린 편역 | 값 13,000원

가볍지도 과하지도 않은 무게감으로 몽테뉴는 세상사의 다양한 주제들에 대해 본인의 견해를 자신 있고 담담하게 풀어낸다. 이 책을 읽으며 나의 판단이 바른지, 내가 지금 제대로 살고 있는지, 앞으로 어떻게 살아야 하는지 등을 수없이 자문해보자. 원초적인 동시에 삶의 골자가 되는 사유를 함으로써 의식을 환기하고 스스로를 성찰하며 인생의 전반에 대해 배우는 계기가 될 것이다.

사진가 김완모의 아주 특별한 인물사진 수업!

인물사진 잘 찍는 법

김완모 지음 | 값 17,000원

가장 흔한 피사체이면서도 가장 까다롭고 섬세한 인물을 프레임에 완벽히 담아내기란 쉽지 않다. 이 책은 저자의 현장 경험과 대학이나 센터 등에서 학생들을 가르치며 조언해온 좋은 인물사진을 찍기 위해 행동하고 고려해야 할 모든 것을 담기 때문에, 사랑하는 가족이나 연인, 친구를 찍으며 누구나 한 번쯤 해보았을 고민인 '어떻게 하면 더 아름답고 멋지게 찍을 수 있을까?'에 대한 해답이 되어줄 것이다.

섭식장애로 고통받는 사람들에게 용기를 주는 책

섭식장애로부터 회복에 이르는 길

캐롤린 코스틴 · 그웬 그랩 지음 | 오지영 옮김 | 값 16,000원

섭식장애 전문가인 캐롤린과 그웬이 섭식장애로 힘들어하는 사람들에게는 용기를, 전문가들에게는 필요한 정보를 명쾌하게 알려주는 책을 출간했다. 섭식장애에서 진정으로 회복하기 위해 전문치료사인 저자들은 실제로 겪은 경험이나 다른 사람에게 도움을 준 과정들을 투명하고 독특한 관점으로 제공한다. 회복에 거부감이 들거나 치료를 두려워하는 사람들이 희망을 품을 수 있는 좋은 기회가 될 것이다.

서울대 최종학 교수와 함께 떠나는 문화기행

마흔, 감성의 눈을 떠라

최종학 지음 | 값 17,000원

이 책은 문화와 예술을 즐기고 싶어하는 사람들을 위한 지침서다. 저자는 이 책에서 음악·미술·영화·여행 등 다양한 분야에 걸쳐 여러 이야기를 풀어놓는다. 실제 해당 작품을 감상하거나 여행을 한 후 며칠 이내에 적은 것들이라 생생한 현장감이 가득하다. 이 책을 통해 바쁜 일상에서 벗어나 저자와 함께 문화여행을 떠나는 느낌을 받을 수 있을 것이다.

우리가 미처 몰랐던 서애 류성룡의 진면목

류성룡의 말

류성룡 지음 | 강현규 엮음 | 박승원 옮김 | 값 15,000원

이 책은 서애 류성룡이 직접 했던 말을 살펴봄으로써 그는 과연 누구인지 들여다보고자 한다. 그리고 왜 지금 한국사회에 류성룡과 같은 리더가 필요한지에 대한 답을 얻고자 한다. 국난을 맞아 애국과 위민의 가치를 잃지 않고 불철주야 나라를 위해 온몸을 바쳤던 류성룡의 활약상과 인간적 면모가 어떠했는지 살펴보며, 현대인들에게 귀감이 될 만한 역사 속 영웅 류성룡의 말과 행동을 통해 앞으로 나아갈 길을 모색할 수 있을 것이다.

누구나 쉽게 이해하는 서양고전 독법

살아가면서 꼭 읽어야 할 서양고전

윤은주 지음 | 값 15,000원

이 책은 현대인들이 지혜롭고 현명하게 이 시대를 살아가기 위해 도움을 주는 길잡이로서, 서양고전의 정수만을 모았다. 플라톤의 『향연』, 토마스 홉스의 『리바이어던』, 안토니오 그람시의 『옥중수고』등 15편의 서양고전을 통해 사랑과 행복, 도덕론, 정치, 대중, 교육 등 우리 사회를 관통하는 굵직한 맥락들을 한눈에 알아볼 수 있다. 필요한 문제를 해결할 열쇠를 찾는 것처럼 읽다 보면 이 책의 진가를 느낄 수 있을 것이다.

디자인을 넘어서는 사진 구성을 생각한다

원하는 사진을 어떻게 찍는가

김성민 지음 | 값 17,000원

우리의 일상생활 속에서 사진 구성 방법론을 쉽고 재미있게 이해하는 데 도움을 주며, 사진 메시지를 명확하게 표현하기 위해서는 프레임 안에 있는 요소들을 적절하게 관계 짓는 사진 구성 방법을 터득해야 한다. 탄탄한 이론과 현장 경험을 체득한 저자는 폭넓은 사진 구성 지식을 한 권의 책으로 오롯이 담아냈다. 사진을 처음 배우는 아마추어는 물론이고, 어느 정도 현장 경험이 있는 프로 사진가에게도 꼭 필요한 가이드북이다.

열등감과 우월감에 대한 아들러의 메시지

위대한 심리학자 아들러의 열등감, 어떻게 할 것인가

알프레드 아들러 지음 | 신진철 편역 | 값 13,000원

개인심리학의 창시자로, 지그문트 프로이트, 칼 융과 함께 세계 3대 심리학자로 손꼽히는 알프레드 아들러는 이 책에서 현대인에게 열등감과 우월감에 대한 메시지를 전한다. 열등감은 도대체 어디에서 비롯되는 것일까? 그리고 열등감이란 감정이 과연 나쁘기만 한 것일까? 또한 열등감과 우월감의 차이는 무엇인가? 이 책에 그 해답이 담겨 있다. 아들러는 중요한 것은 열등감 그 자체의 문제가 아니라 열등감을 대하는 태도라고 말한다.

행복을 부르는 감정조절법

왜 나는 감정 때문에 힘든 걸까

김연희 지음 | 값 14,000원

감정이란 무엇이고, 어떻게 해서 생겨나며, 감정을 효과적으로 잘 처리하는 방법은 무엇인지 뇌과학 · 진화심리학 · 정신건강의학 · 정신분석학적 지식에 바탕을 두고 소개하는 책이다. 이 책은 크게 3단계에 걸쳐 감정을 이해하고, 분석하고, 대처 방법을 살펴본다. 각 단계별로 읽으며 감정을 알아가다 보면 복잡해 보이기만 하던 주변 문제와 상황을 해결할 수 있는 실마리를 찾을 수 있을 것이다.

인물 드로잉, 손쉽게 따라 그릴 수 있다

누구나 쉽게 따라 하는 인물 스케치 작품집

김용일 지음 | 25,000원

출간 즉시 중국에 판권을 수출하는 등 독자들의 사랑을 받아온 『누구나 쉽게 따라 하는 인물 스케치』의 작품집이 출간되었다. 책 크기가 작아 따라 그리기 쉽지 않았을 독자들을 위해 책 판형을 크게 키우고 과정작을 한눈에 볼 수 있도록 배치했다. 인물화 작품 크기가 시원하게 커진 덕분에 묘사의 정도, 질감의 표현, 공간감 등을 알기가 쉬워져 따라 그리기 편하다.

제대로 공감하면 모든 것이 달라진다!

모두가 행복해지는 공감 연습

김환 지음 | 값 14,000원

공감을 누구나 연습할 수 있는 하나의 기술로 이해하고 실제 삶에서 공감을 구현하기 위한 구체적인 기술을 연습할 수 있도록, 정통파 심리상담 전문가이자 공감 대화 전문가인 김환 교수가 쉽고 간명한 문체로 풀어나간 책이 발행되었다. 인간은 누구나 타인에게 공감할 수 있는 기본 능력을 갖추고 있으므로 용어를 암기하며 새롭게 배울 필요는 없다. 우리는 그저 연습하면 된다. 이 책을 통해 공감을 몸에 밸 때까지 충분히 연습해보자.

풍경 스케치, 이보다 더 쉬울 수 없다

누구나 쉽게 따라 하는 풍경 스케치

김규리 지음 | 값 25,000원

이 책은 그리는 단계를 최대한 세부적으로 설명함으로써 완성된 결과물로 자연스럽게 이어지도록 했다. 또한 풍경 스케치의 기초 지식을 설명하는 데 많은 부분을 할애했다. 연필을 잡는 법에서부터 선을 쓰는 법, 여러 가지 풍경 개체를 그리는 법, 구도를 잡는 법까지 다루어 기본기를 충실히 익힐 수 있도록 했다. 거의 모든 소재를 다룸으로써 어떤 풍경을 마주하더라도 당황하지 않고 자신 있게 그릴 수 있을 것이다.

우리가 미처 몰랐던 영조대왕의 진면목

영조의 말

영조 지음 | 강현규 엮음 | 박승원 옮김 | 값 13,000원

조선시대 중흥기를 이끈 제21대 왕 영조, 이 책은 영조가 직접 했던 '말'을 살펴보며, 과연 영조는 어떤 왕이었는지, 나아가 영조의 인간적 면모는 어떠했는지를 객관적으로 알아보고자 한다. 여러 사료를 참고해서 백성과 관리, 가족, 자기관리, 정책 등에 대해 영조가 남긴 말들을 한 권의 책으로 엮었다. 리더라면 누구나 알고 있는 애민(愛民)과 위민(爲民)의 기본 정신을 절절히 일깨우는 생생한 어록이다.

술로 고통받는 사람들과 가족들을 위한 70가지 이야기

왜 우리는 술에 빠지는 걸까

하종은 지음 | 값 16,000원

알코올중독에 대한 이해부터 치료 방법, 극복 방법, 극복 과정에 이르기까지 알코올중독에 관한 모든 것을 한눈에 볼 수 있도록 정리한 지침서다. 알코올중독이란 과연 무엇인지, 알코올중독에서 회복하려면 어떤 과정을 거쳐야 하는지, 알코올중독과 다른 정신과적 질병과의 관계는 어떠한지, 알코올중독도 유전이 되는지 등 전문가에게 의뢰하지 않고는 쉽사리 알기 어려웠던 알코올중독의 원인부터 대안까지 상세히 다룬다.

스마트폰에서 이 QR코드를 읽으면
'소울메이트 도서목록'과 바로 연결됩니다.

독자 여러분의
소중한 원고를 기다립니다

★ 소울메이트는 독자 여러분의 소중한 원고를 기다리고 있습니다. 집필을 끝냈거나 혹은 집필중인 원고가 있으신 분은 khg0109@hanmail.net으로 원고의 간단한 기획의도와 개요, 연락처 등과 함께 보내주시면 최대한 빨리 검토한 후에 연락드리겠습니다. 머뭇거리지 마시고 언제라도 소울메이트의 문을 두드리시면 반갑게 맞이하겠습니다.